Alexa & Daniel Berger

Glücksorte in Hannover

Fahr hin & werd glücklich

Dieses

Glücksbuch

ist für

Liebe Glücksuchende,

hop on, hop off: Plötzlich gab es in Hannover sogar einen Touribus. Der fährt im Kreis, vorbei an den Sehenswürdigkeiten der Leinestadt, vorbei am Neuen Rathaus, am Maschsee und so weiter. Aber gibt es tatsächlich Touristen, die nach Hannover kommen? Da sind natürlich die Messegäste, weil Hannover eine wichtige Messestadt ist. Aber Besucher, die rein zum Vergnügen anreisen?
Warum eigentlich nicht! Schließlich gibt es viel zu sehen. Wer sich ein bisschen Zeit nimmt und über den Tellerrand blickt – also den Hauptbahnhof hinter sich lässt – entdeckt eine liebenswerte Oase im Grünen. Hannover ist zwar Großstadt, fühlt sich aber kleiner an, denn Cafés, Läden und Parks liegen dicht beisammen. Alles ist gut mit dem Fahrrad erreichbar und der Boden ist angenehm flach. Im Sommer weht dann der warme Wind durchs Haar und schiebt an. Es gibt einfach nichts Schöneres, als am Ufer der Leine, der Ihme oder am Maschsee entlangzugleiten. Wer in der Stadt Ruhe sucht, findet sie in der Eilenriede. Der Trubel ist aber nie weit weg: Da sind die bunten Einkaufsstraßen wie die Limmerstraße, der E-Damm oder die Lister Meile. Charmante Cafés, liebevoll geführte Läden und viele, viele Glücksorte: Hannover hat sie alle – das wird dieses Buch beweisen.

Ihre Alexa & Daniel Berger

GLÜCK

Deine Glücksorte …

... noch mehr Glück für dich

"Glück"

Eine Melodie im Wind

1

Im Georgengarten

Eine zaghafte Melodie liegt in der Luft. Geheimnisvoll und leise gleitet sie zwischen den Bäumen hindurch. Zahllose Marienkäfer schwirren umher, sie haben den gesamten Leibniz-Tempel besetzt. An allen zwölf Säulen sitzen sie, versprühen ihr Glück und zaubern den Menschen ein Lächeln ins Gesicht. Wer den Georgengarten aufsucht, hat es nicht eilig – dieser idyllische Ort der Ruhe entschleunigt den Gang und die Gedanken. Träge gleiten die Enten über den Teich, gefolgt von den hübschen Schwänen. Auf einer Parkbank verweilt eine ältere Dame, die sich aufwendig geschminkt und frisiert hat. Wartet sie auf ihren neuen Verehrer? Hat sie ein romantisches Rendezvous im Stadtpark?
Die Melodie wird etwas lauter, bleibt aber zaghaft und zurückhaltend. Kleine Fehler passieren, schiefe Töne drängeln sich zwischen die Noten. Die Melodie beginnt von vorn und wieder von vorn und wieder von vorn. Bis das Spiel immer selbstbewusster wird, immer besser. Über die gebogene Augustenbrücke schiebt ein junger Vater einen alten Kinderwagen der Musik entgegen. Die Wege durch den Park verführen zu ausgedehnten Spaziergängen. Umgeben sind die Flaneure von üppigen Bäumen, Büschen und grünen Wiesen. Ein struppiger Hund jagt schnaufend die Pollen in der Luft, während sein Frauchen im Gras hockt. Sie hält einen Papierstapel in der Hand und liest konzentriert die Zeilen: harter Tobak, komplizierter Uni-Kram. Es ist warm und die Gedanken sind klebrig. Also füttert die Studentin lieber die Schwäne am verwunschenen Teichufer.
Die Melodie ist ganz nah, sie kommt von der anderen Seite des Wassers. Da sitzt jemand unter einem großen Baum. Ein Schatten im Schatten, der sich als junger Mann entpuppt. Auf dessen Schoß ruht ein Zupfinstrument, es könnte eine Zither sein. Die Melodie beginnt von vorn. Der Mann hat sich hier niedergelassen, um in Ruhe zu üben. Ganz nebenbei liefert er den Flaneuren einen perfekt-unperfekten Soundtrack für einen Tag im Georgengarten. Die Blätter rascheln leise im Wind.

TIPP
Der Georgengarten ist im Herbst ein besonderes Highlight, wenn die goldene Blätterpracht sich im Teich spiegelt.

● Georgengarten, 30167 Hannover
www.georgengarten.de
● ÖPNV: Stadtbahn 4, 5, Haltestelle Schneiderberg/Wilhelm-Busch-Museum

Flanieren mit Pizza im Bauch

2

Die Lister Meile

Kaum unterwegs und schon wieder hungrig. Zum Glück ist La Lanterna nicht weit! Die rote Bude auf der Lister Meile ist eine Institution, hier werden seit Jahrzehnten Pizzen vom Blech verkauft. Die sind nicht gesund, aber die sind lecker. Voll mit Käse und Salami und Paprika. Kulinarisch weit weg von Haute Cuisine und noch weiter weg von jeder Low-Carb-Diät. Dazu noch einen cremigen Cappuccino und dann weiter, schließlich gibt es noch viel zu entdecken. Die beliebte und belebte Einkaufsstraße mit ihren kleinen Boutiquen, Cafés, Restaurants, Weinbars und Blumenläden lockt schon seit den 70er-Jahren die Menschen an. Tatsächlich ist die Lister Meile nicht ganz eine Meile lang, bietet aber genügend Auslauf für Flaneure und zahlreiche Gelegenheiten, Geld für schöne und leckere Dinge auszugeben.

Am Körtingbrunnen setzen ein paar Kinder alles daran, möglichst nass zu werden. Dann müssen sie nachher nicht mehr duschen, so die lautstarke Überlegung des frechen Mädchens, das barfuß durchs glitzernde Nass hüpft, das die silbernen Pferdeköpfe ausspeien. Diese Unbekümmertheit macht gute Laune. Damen, die das Treiben vergnügt beobachten, schlecken an ihren Eistüten mit Sahne, während die Kinder um die Ecke ihre Sandburgen hochziehen. Am Rand des Sandkastens sitzen die stolzen Eltern und schlecken ebenfalls Eis, Eis, Baby!

Gesünder geht es beim Gemüsestand zu. Der Händler will die Leute unbedingt mit frischen Vitaminen versorgen, schüchtern ist er nicht, im Gegenteil: Er baut Augenkontakt auf, um ein paar Weintrauben an den jungen Mann zu bringen, der interessiert zum Stand schaut. Ein paar Schritte weiter ein leeres Geschäft. Das ist immer schade: Wenn ein Inhaber aufgeben muss, weil die Miete zu teuer oder der Onlinehandel zu mächtig geworden ist. Dabei haben die Menschen auf der Lister Meile große Lust aufs Stöbern und Shoppen vor Ort. Ein Erlebnis, das kein Onlineshop ersetzen kann. Deshalb: Support Your Local Dealer!

- Lister Meile, 30161 Hannover, www.listermeile-hannover.de
- ÖPNV: Stadtbahn 3, 7, 9, Haltestelle Sedanstraße/Lister Meile

Lister
Backhaus
CAPPUCCINO
ALLES RUND UM DEN WEIN
Panea

Picknick auf dem Wasser

3

Tretboottour auf dem Maschsee

Heute mal ein Kapitän. Wir treten in die Pedale, die Wellen sind winzig. Leicht schaukelnd stechen wir in See, das Wasser klatscht gegen den blauen Bug und der Wind frischt zaghaft auf. Am Himmel ist keine Wolke weit und breit. Da ist nur die leuchtende Sonne, die die Stimmung kräftig aufhellt. Es kostet ein bisschen Kraft, das Tretboot vom Ufer zu entfernen, es quietscht und ächzt, aber es geht voran. Irgendwann sind wir auf flacher See, mitten auf dem Maschsee. Umgeben nur von Wasser, den Karpfen – und ein paar Enten, die uns hartnäckig folgen. Sie hoffen wohl, dass ein paar Krümel über Bord gehen. Am Ufer sind auch Schwäne zu sehen, wie sie mit Anmut und erhobenen Köpfen durchs Wasser gleiten. Sie haben es nicht nötig, blöd nach Brot zu betteln.

Auf geht´s mit dem Boot dem Nordufer entgegen, am Horizont zeichnet sich das Neue Rathaus ab. Auch ein paar Segelboote sind unterwegs, aber der Wind bläst nicht mehr. Flaute! Also sonnen sich die Segler und warten ab. Es herrscht eine ruhige Atmosphäre, alle sind entspannt. Die Regeln auf dem Wasser sind außerdem sehr simpel: Die Segelboote haben Vorfahrt – und alle anderen auch, erklärt der Tretbootverleih am Pier 51 jedem angehenden Tretboot-Kapitän. Und bloß nicht hinter die Bojen fahren!

TIPP

Wer auffallen möchte, mietet das Schwan-Tretboot. Obacht, die echten Schwäne könnten sich verlieben!

Wir stoßen an, wir haben Bier dabei. Und Salat. Und Brot. Die Enten sind immer noch da. Sie haben das Tretboot als ihre neue Mutter akzeptiert. Eine Mutter, die ihre Kinder fast überfährt. Es ist nämlich nicht so einfach, diese schaukelnde Nussschale zu steuern. Eine Servolenkung fehlt und die Pedale sind dicke Holzklötze. Trotzdem macht es unheimlichen Spaß, das Boot über das Wasser gleiten zu lassen. Leider ist die Zeit irgendwann um und wir laufen wieder in unseren Heimathafen ein. Mit Ach und Krach bugsieren wir das störrische Tretboot an den Steg zurück und tüddeln es mit einer Art Seemannsknoten an den Poller. Auf wackligen Seebeinen und mit sechs kleinen Enten im Schlepptau treten wir den Heimweg an.

- Yachtschule Hannover, Rudolf-von-Bennigsen-Ufer 51, 30173 Hannover
www.yachtschule-hannover.de
- ÖPNV: Stadtbahn 1, 2, 8, Haltestelle Altenbekener Damm

SA
42

Plastikfrei einkaufen

4 Lola, der Loseladen

Plastik ist hässlich und ein echtes Problem. Klar, im Alltag fällt es schwer, Müll zu vermeiden: Im herkömmlichen Supermarkt gibt es Linsen, Reis oder Spüli eben nur in Plastikverpackungen. Woche für Woche füllt sich der gelbe Sack mit leeren Joghurtbechern, Gewürzdöschen und Tetrapacks. Das muss niemand akzeptieren. Mit einem Einkauf im Unverpackt-Laden lässt sich die Plastikflut vermeiden, oder zumindest reduzieren. Das schont nicht nur die Umwelt, sondern macht auch noch riesig Spaß. In Hannover lässt sich im Loseladen Lola ohne Verpackungen einkaufen. In dem charmanten Geschäft am Stephansplatz reihen sich gläserne Lebensmittelspender aneinander, gefüllt mit Getreide, Zucker, Quinoa und Reis. Auch Kosmetik gibt es bei Lola müllfrei: Pulver statt einzeln verpackter Geschirrspültabs, festes Shampoo statt Schauma in der Flasche. Naschkatzen dürfen sich an der süßen Theke Gummibärchen, Bruchschokolade und karamellummantelte Mandeln bunt mischen. So süß kann Zero Waste sein.

TIPP
Seit Ende 2018 gibt es eine weitere Filiale am Pariser Platz in Linden.

Der Einkauf bei Lola geht ganz einfach: wiegen, abfüllen und bezahlen. Die mitgebrachten Weckgläser, Tupperdosen und Flaschen legt man also am Eingang auf die Waage, an der Kasse wird das Gewicht dann wieder abgezogen. Schon geht das fröhliche Abfüllen los: eine Dose mit Kaffee, ein altes Marmeladenglas voller Pistazien und noch eine kleine Portion Quark. Ein schöner Nebeneffekt: Wir kaufen nur so viel, wie wir wirklich brauchen. In kleinen Mengen lassen sich auch mal verrückte Dinge probieren, Maulbeeren zum Beispiel oder Lupinenkaffee. Die hübschen Spender im Lola baut Inhaber Michael Albert selbst, auf die ist er echt stolz. Der begeisterte Öko-Visionär und gelernte Tischler freut sich außerdem über die Milchzapfanlage, an der sich seine Kunden frische Vollmilch von Bauer Banse abfüllen können. Frisch und lecker ist auch das selbstgemachte Nussmus, in das nichts weiter als Nüsse kommen – kein Zucker, kein Palmöl. Das kommt gut an! Und irgendwann wird der Plastikmüll weniger, wir müssen nur wollen.

- Lola, der Loseladen, Stephansplatz 13, 30171 Hannover
  www.lola-hannover.de
- ÖPNV: Stadtbahn 1, 2, 8, Haltestelle Geibelstraße

Schlemmen am Maschpark

5

Restaurant Loretta's

Früher floss hier Milch in Strömen. Da kamen die Hannoveraner zu dem süßen Milchhäuschen am Maschteich, um Milchmixgetränke zu schlürfen. Sie schauten, wer auch noch da war, und genossen das Leben. Die Zeiten sind vorbei, seitdem ist viel passiert. Heute beheimatet das frühere Milchhäuschen ein charmantes Restaurant mit Retro-Flair: das Loretta's. Im Sommer lassen die Gäste auf der gemütlichen Außenterrasse den Blick durch den gegenüberliegenden Maschpark schweifen und beobachten, wie die Weiden ihre Äste in den Maschteich tunken und kleine Hunde Bälle jagen. Ein schöner An- und Ausblick. Auf der Rückseite des hübschen Häuschens befindet sich außerdem ein verwunschener Biergarten, von dem aus man auf die Bella-Vista-Brücke blickt und dem Plätschern der Leine lauscht. Ab und zu schwimmt ein Kanu vorbei oder eine kleine Entenfamilie auf der Durchreise. So ein Idyll, eine kleine grüne Oase.

TIPP

Hochzeit im Milchhäuschen – das Loretta's kann man auch für Privatfeiern mieten.

Auch im behaglichen Inneren des Lokals lässt es sich wunderbar aushalten, durch die großen Scheiben fällt das Licht auf das warme Holz. Das einstige Milchhäuschen gliedert sich in zwei Flügel, in deren Mitte sich die Küche befindet. Sie weiß selbst strenge Gaumen mit ihrer hohen Qualität zu überzeugen. Die übersichtliche Speisekarte hat einen mediterranen Touch, es gibt Salate, Pasta und ausgewählte Fleischgerichte. Eine Saisonkarte bereichert das Angebot zusätzlich. Ganz pfiffig ist die Möglichkeit, jedes Hauptgericht auch als verkleinerte Vorspeise zu nehmen. Auf diese Weise können Gäste viel probieren, ohne sich zu überfressen.

Wir lassen unser Gericht genauso schrumpfen und entscheiden uns für ein Pastagericht in Vorspeisengröße und ergänzen es um eine herkömmliche vegetarische Vorspeise für zwei (mit Büffelmozzarella und Pecorino). Das Essen im Loretta's schmeckt frisch und köstlich, das Gemüse ist knackig und die Dips sind cremig – genau unser Geschmack. Dazu fließt Vino in Strömen.

- Loretta's, Culemannstraße 14, 30169 Hannover, Tel. (05 11) 5 90 57 80
www.lorettas-hannover.de
- ÖPNV: Bus 100, Haltestelle Maschsee/Sprengel-Museum

Loretta's

Käsekuchen, Tee & Nostalgie

6

Teestübchen am Ballhofplatz

Käsekuchen ist der beste Kuchen der Welt. Cremig, lecker, wunderbar. Den besten Käsekuchen der Stadt gibt es im Teestübchen am historischen Ballhofplatz – unserem Lieblingscafé in der Altstadt. Auch andere sind dieser Meinung, und so sind die Plätze innen wie außen heiß begehrt. Eine Warteliste oder Reservierungen gibt es keine, deshalb heißt es: wachsam, schnell und ein bisschen dreist sein. Wir haben zwei Außenplätze im Auge und großes Glück, unser Timing ist perfekt. Glücklich sitzen wir im Sonnenlicht und genießen den Blick auf den pittoresken Ballhofplatz. Ein Blick in die Karte erübrigt sich, denn wir wissen, was wir wollen: cremigen New York Cheesecake! Alle Kuchen sind nach Familienrezepten – alten und neuen – gebacken. Dazu bestellen wir noch einen hausgemachten Eistee, weil das herrliche Wetter nach kühler Erfrischung verlangt. Eine Jazzband beginnt zu spielen, entspannte Musik für einen entspannten Nachmittag. Die Töne sind verhallt, plötzlich ist Winter. Es ist kalt und grau und windig. Niemand will mehr draußen sein. Der Wunsch nach einem wärmenden Tee zieht hinein ins urgemütliche Teestübchen. Die dunkle Holzvertäfelung und die mit Blumenmuster bezogenen Sitzbänke wirken vielleicht ein bisschen altmodisch, sind aber absolut behaglich. Die nostalgische Wohlfühlatmosphäre lässt die garstige Kälte schnell in Vergessenheit geraten. Die Gäste haben die Wahl aus über 40 Teesorten, da fällt die Entscheidung natürlich schwer: chinesischer Oolong-Tee, fruchtiger Hibiskusblütentee oder lieber den „Kräuterhannes“? Oder den „Berry & Black“, eine Komposition aus schwarzem Tee und Beeren? Serviert wird er stilecht in einer Silberkanne mit Stövchen, dazu gibt's braunen Kandis. Wer einem Tee nichts abgewinnen kann, wählt stattdessen Kakao, Wein oder leckeren Machwitz-Kaffee, der seit über 130 Jahren in der Leinestadt geröstet wird. Und ein Stück Käsekuchen darf natürlich auch nicht fehlen – egal ob im Winter oder bei 30 Grad im Schatten.

TIPP

Ein hübsch verpackter Tee macht sich gut als Geschenk oder Mitbringsel.

- Teestübchen, Ballhofplatz 2, 30159 Hannover
www.teestuebchen-hannover.de
- ÖPNV: Stadtbahn 3, 7, 9, Haltestelle Markthalle/Landtag

Warten mit Vorfreude

7

Treffpunkt Kröpcke-Uhr

Dass die große Kröpcke-Uhr mitten in der Stadt die genaue Zeit parat hat, ist gar nicht so wichtig: Das Wahrzeichen dient heute mehr als Treffpunkt und weniger als Taktgeber. Um die Uhr herum liegen Hoffnung, Vorfreude und Zweifel in der Luft – und etwas Qualm, weil einige der Wartenden nervös rauchen. Andere schauen sekündlich aufs Smart-phone, auf den Boden und dann wieder hoffnungsvoll spähend in die vielen Gesichter, die vorbeieilen. Die einen warten an der Kröpcke-Uhr auf Freunde, auf die Mama oder auf den Ehemann. Die anderen warten auf die große Liebe – vielleicht ist sie es, die mit leichter Verspätung angeflogen kommt, sich umständlich entschuldigt und verlegen ihr Sommerkleid glattstreicht. Der junge Mann mit geöltem Vollbart verzeiht ihr sofort, endlich ist sie da, seine Zweifel sind verflogen. Jetzt gehen sie gemeinsam einen Kaffee schlürfen, um sich plaudernd kennenzulernen. Gleich neben der Kröpcke-Uhr lädt das brummende Café Kröpcke zum Verweilen ein. Hier kann man auch ganz wunderbar die Leute beobachten und sich kleine Biografien und Geschichten zu den einzelnen Charakteren überlegen. Oder man genießt einfach ein Mövenpick-Eis und die Sonne, bevor es wieder weitergeht, in die vielen Geschäfte, die den Kröpcke umzingeln. Auch wer sich zur großen Shoppingtour in der City verabredet, wartet an der Kröpcke-Uhr. Denn hier kreuzen sich die großen Einkaufsstraßen der Innenstadt. Der zweite beliebte Treffpunkt ist übrigens nicht weit weg, gleich am Hauptbahnhof treffen sich die Hannoveraner „unterm Schwanz“, am Hinterteil des Reiterdenkmals. Aber die hübsche Kröpcke-Uhr hat zwei entscheidende Vorteile: In der Wartezeit kann man einfach mal einen Blick in die Ausstellungsvitrine innerhalb der Uhr werfen. Und wenn die Verabredung kurzfristig absagt, ist ein süßer Trostspender nicht weit – das Schokoladengeschäft Hussel befindet sich keine 30 Meter entfernt.

- Kröpcke-Uhr, Passerelle 9, 30159 Hannover
- ÖPNV: Stadtbahn 1–9, 11, Haltestelle Kröpcke

ellesse

Von Portugal nach Spanien

8 Pastelaria Luis und Plaza De Rosalia

Die Reise von Portugal nach Spanien dauert zu Fuß nur 5 Minuten. Als Proviant für die kurze Reise reicht eine Kleinigkeit, etwas Süßes, und zwar Pastéis de Nata, die besten der Stadt. Einst erfunden von Mönchen in Belém, sind die Blätterteigtörtchen mit Pudding heute in der ganzen Welt beliebt. Die kleine Pastelaria Luis in der Deisterstraße versetzt ihre Gäste ins wundervolle Lissabon: Blau-weiße Azulejo zieren die Wände, an denen außerdem bunte Postkarten hängen. In den Regalen steht der Vinho Verde für fröhliche Abende bereit – aber vor allem sind es die Pastéis de Manga, Pastéis de Ameixa, die Pastéis de Pêra und die klassischen Pastéis de Nata, die unsere Sinne gen Süden entführen. Die Törtchen kommen aus der eigenen Backstube der Pastelaria.

Die Frau hinterm Tresen wartet auf die Bestellung. Wie kann sie nicht all die Törtchen bereits selbst verspeist haben? Wie kann sie sich Tag für Tag beherrschen? Wir würden am liebsten die Auslage komplett leer kaufen, jedes einzelne Törtchen. „Wir nehmen zwei“, behaupten wir und bessern sofort nach: „Nein, wir nehmen vier!“ Oder sechs? Nein, die anderen möchten doch auch noch. Obrigado! Wir können uns nicht beherrschen und vernaschen die Pastéis sofort, gleich hier, gleich jetzt, als Nachtisch vor dem Abendessen. Dazu schlürfen wir spontan Bica und Galão. Der Alltag wird leichter, Gelassenheit muss siegen. An den Hochtischen lehnen diejenigen, die glücklich mit sich und der Welt sind, die verträumt auf das ausgedachte Meer schauen. Wo der warme Wind über die Haut streicht. Nach dieser köstlichen Versüßung geht es weiter nach Spanien, es liegt gleich die Deisterstraße runter im Ahrbergviertel. Von der Pastelaria 5 Minuten entfernt, dann erreichen wir schon den Plaza De Rosalia. (Allein dieser Name, qué bonito!) Dort verwöhnt im Hof das Rias Baixas II den Gaumen: Tapas zum Abendbrot, dazu Cerveza und Vino. Die Aromen und Düfte entfachen schnell ein heftiges Fernweh – und steigern die Lust, den nächsten Flieger zu besteigen.

● Pastelaria Luis, Deisterstraße 68, 30449 Hannover, Tel. (05 11) 2 13 44 97
www.pastelaria-luis.de
Plaza De Rosalia, 30449 Hannover
● ÖPNV: Bus 300, 500, Haltestelle Deisterplatz/Allerweg

PORTUGAL

Ersatz-Maschsee ohne Leute

9

Am Vierthaler Teich

Am Ufer des Maschsees ist eigentlich immer Trubel: Jogger joggen, Radfahrer fahren Rad und Spaziergänger gehen spazieren. Hier etwas Ruhe zu finden, ist nicht immer leicht – trotz der vielen Sitzbänke. Ein garantiert ruhiges Plätzchen ist aber gar nicht weit entfernt: Östlich des Maschsee-Südufers befindet sich zwischen dem Rudolf-von-Bennigsen-Ufer und der Hildesheimer Straße der kleine Vierthaler Teich. Ein idyllischer Ort, unbeachtet von den Massen am Maschsee. Gespeist wird das künstliche Gewässer durch den schmalen Landwehrgraben, der damals das mittelalterliche Hannover umgab. Aber das ist längst Geschichte, heute ist die Grünanlage eine kleine Wohlfühloase, die den Maschsee mit der Eilenriede verbindet.

Auf den breiten Hauptwegen am Vierthaler Teich sind zwar auch Radfahrer und Spaziergänger anzutreffen. Doch abseits davon finden sich zahlreiche Ecken, Nischen und Flecken, wo man ungestört im Gras dösen oder zwischen Maulwurfshügeln picknicken kann. Eine kleine Brücke bietet einen schönen Ort für einen spontanen Zungenkuss – oder einen Heiratsantrag. Mitten auf dem Teich gibt es zudem drei kleine Inseln. Was sich dort wohl befindet? Schnatternde Enten beim Kaffeeklatsch? Es klingt jedenfalls so. Im Frühling blüht die Natur rings um den Teich herrlich auf, im Sommer wiegt der warme Wind sanft die Bäume. Im Herbst ist dann alles goldig und im Winter wirkt der Teich gar ein bisschen mystisch. Zu allen vier Jahreszeiten lädt die Natur ums Gewässer zu Spaziergängen ein. Oder zum Verweilen. Viel los ist hier selten – zum Glück!

Wer der Landwehr folgt und sich vom Maschsee entfernt, erreicht den Arthur-Menge-Brunnen, benannt nach einem hannöverschen Oberbürgermeister. Noch ein Stück weiter ragt der Döhrener Turm in den Himmel, links und rechts brettern die Autos am Turm vorbei. Ein plötzlicher Hauch von Hektik. Zum Glück öffnet sich auf der anderen Straßenseite die Eilenriede. Der kurze Stress ist schnell vergessen.

TIPP

Wenn der Magen knurrt, ist das rustikal-gemütliche Restaurant Vier Jahreszeiten nicht weit.

- Vierthaler Teich, Maschsee-Südufer, 30159 Hannover
- ÖPNV: Stadtbahn 1, 2, 8, Haltestelle Döhrener Turm

Frische Küche für alle

10 Vietal Kitchen in der Lister Meile

Vietnam befindet sich auf der Lister Meile. An der Markise baumeln Bambuslaternen im Wind und vor dem Eingang regt ein Korb mit Brokkoli, Karotten, Paprika, Ingwer und Auberginen den Appetit an. Das Gemüse-Arrangement repräsentiert auch die Philosophie des Vietal Kitchen: „Grün ist unser neues Gold." Das vietnamesische Restaurant ist eine echte kulinarische Bereicherung für Hannover, denn für die köstlichen Gerichte verarbeiten die Köche nur hochwertige und gesunde Zutaten. Das erfreut den Gaumen, das Herz – und die Figur. Von Sommerrollen über Bowls bis zum Wok-Gericht mit knackigem Gemüse wird hier jeder Foodie satt und glücklich. Für Veganer und Vegetarier, die zusammen mit Fleischliebhabern essen gehen, ist das Vietal Kitchen das perfekte Restaurant. Für alle Vorlieben hält die hübsch gestaltete Karte etwa gleich viele Speisen parat: links stehen die Gerichte mit Fleisch und Fisch, rechts steht die vegan-vegetarische Auswahl. Die Gerichte mit Tofu schmecken besonders lecker. Er ist innen so saftig und außen so knusprig – wie machen die das nur?

TIPP

Unbedingt die hausgemachten Erfrischungsdrinks Lemongrass Soda und Gorgeous Ginger probieren.

Bereits am Eingang begrüßt die Bedienung die Gäste mit einem Lächeln und führt sie an den Tisch, auf dem schon das bronzefarbene Besteck bereitliegt. Für eine wohlige Atmosphäre sorgt im Inneren das in dunklen Tönen gehaltene Interieur und der zarte Duft von Räucherstäbchen – die Sinne werden sofort nach Südostasien entführt. Für grüne Farbtupfer sorgen Farne, Efeu und Holzlamellen. Ornament-Kacheln verschönern die Wände. Die stimmige Einrichtung, die an ein vietnamesisches Landhaus zur Kolonialzeit erinnert, sowie die wohltuenden Gerüche und das warme Licht erleichtern die Flucht aus dem Alltag. Die letzten Sorgen lässt einen das aufmerksame Personal vergessen. Mit allen Sinnen konzentrieren wir uns auf das appetitlich angerichtete Essen und die aufregenden Aromen, versuchen die geschmacklichen Nuancen und Gewürze zu erschmecken. Ein bewusster Genuss.

- Vietal Kitchen, Lister Meile 46, 30161 Hannover, Tel. (05 11) 38 87 78 88 www.vietal-kitchen.de/hannover
- ÖPNV: Stadtbahn 3, 7, 9, Haltestelle Sedanstraße/Lister Meile

Hannovers schönster Hof

11

Fräulein Schlicht am Pariser Platz

Dieses Café ist ein wahr gewordener Mädchentraum. Schon im zarten Alter von 17 Jahren wünschte sich Johanna Schlicht, ihr eigenes Café zu betreiben – jetzt hat sie eins: Das Fräulein Schlicht in Linden, direkt am Pariser Platz, ist eines der schönsten Cafés in der Stadt. Ein Traum im Traum ist der zauberhafte Hofgarten hinterm Haus, der an warmen Tagen zum Dösen, Quatschen, Lesen einlädt. Keine Autos, kein Lärm, nur das leise Rumpeln der Straßenbahn, die vor dem Café entlangfährt. Der Hinterhof ist gemütlich und verwunschen, sehr idyllisch und schön. Eben der perfekte Ort für einen entspannten Sommernachmittag.

Drinnen ist es genauso charmant und hübsch wie im Hinterhof: Da stehen eine alte Schreibmaschine, ein gusseiserner Ofen und ein paar aufgepäppelte Vintage-Möbel, an denen damals schon Oma gesessen hat. Die Einrichtung ist schlicht – im positiven Sinne. Der skandinavische Look ohne viel Schnickschnack und die Vintage-Elemente ergeben zusammen ein stimmiges Bild. Am Eingang steht ein großer Tresen aus hellem Holz. Darauf verteilt sich das Glück in Form von Gebäck: Kuchen und Brownies und Kekse, alles hausgemacht, einiges davon vegan oder glutenfrei. „Eigentlich könnte ich hier nur Käsekuchen anbieten und alle wären zufrieden", scherzt Johanna, die gern mit ihren Gästen plaudert. „Der New York Cheesecake ist immer als Erster weg." Das verstehen wir sofort und freuen uns umso mehr, dass wir das letzte Stück ergattern. Zum Kuchen brauchen wir immer einen Kaffee. Den bezieht Johanna von Omkafe, einem italienischen Familienbetrieb, der seit 1947 Kaffeebohnen röstet. Viele Kaffeeliebhaber kämen extra deshalb her, erklärt Johanna, sie lieben das weiche Aroma der Bohnen und die Geschmacksnuancen von Schokolade und Haselnuss. Johanna liebt den Kaffee von Omkafe auch – und sie liebt Hannover, will nie wieder weg. Ein Glück für Genießer. Das Fräulein Schlicht mit seinem schnuckeligen Hofgarten ist aus Linden-Mitte nicht mehr wegzudenken.

TIPP

Unbedingt im Fräulein Schlicht frühstücken. Es gibt hausgemachte Brötchen, Müsli und Marmelade. Mmh!

- Fräulein Schlicht, Davenstedter Straße 27, 30449 Hannover
  www.fraeulein-schlicht.de
- ÖPNV: Stadtbahn 9, Bus 100, 200, Haltestelle Nieschlagstraße

Der Bauch von Hannover

12 Südeuropaflair in der Markthalle

Der „Bauch von Hannover" ist gut gefüllt. Es ist Samstagvormittag, das Wetter benimmt sich ordentlich und die Menschen sind hungrig. Sie stehen an den Ständen, sitzen auf den Hochsitzen – oder suchen noch nach dem richtigen Angebot, das sie satt machen wird. Wer früh genug da war (oder Glück hatte), sitzt hinter der großen Glasfront und schaut auf die Karmarschstraße, während sich feiner Dampf aus dem Kaffeepott löst. Am Wochenende ist die Markthalle ein lebendiger Ort, der mit Delikatem zu verwöhnen weiß. Die Besucher quatschen, schlemmen und genießen. Hier wird wirklich jeder satt, denn die Stände bieten eine enorme kulinarische Vielfalt, die nirgendwo sonst in der Stadt zu finden ist. Es gibt Sushi, Pasta, belegte Brötchen, Antipasti und südafrikanische Speisen. Es gibt Fleisch und Fisch und Apfelkuchen, es gibt deftigen Eintopf, Kaffee, Wein und gesunde Smoothies. Folgerichtig bezeichnet der Volksmund die Markthalle als Bauch der Stadt – ein dicker Bauch, in den viel reingeht.

TIPP

Für Krümelmonster: Oben gibt's einen Bahlsen-Outlet. Die Keksfirma verkauft dort Knabberkram günstiger.

Die Türen gehen auf, herein wehen vier duftende Damen, die sich verabredet haben. Die Markthalle ist eben auch ein beliebter Treffpunkt, um den Shopping-Samstag mit einem geselligen (zweiten) Frühstück einzuläuten. Da klirren also die Proseccogläser, das Leben ist schön, das Leben ist lecker. „Mahlzeit!", ruft jemand. „Darf ich da mal durch?", fragt eine Servicekraft mit unbedingter Dringlichkeit in der Stimme. Hinter ihr sucht ein feiner Herr in Steppweste seine Ehefrau. „Die ist einfach weg", murmelt er verzweifelt. Nun aber raus hier, an die frische Luft und in die Läden. Vorher aber nicht vergessen, bei Oma Duhnsen an der Geldkatze zu reiben – das bringt Glück! Die Bronzestatue begrüßt seit 1999 die Besucher am Nordeingang der Markthalle und erinnert an Karoline Duhnsen. Die emsige Marktfrau kam einst täglich in die Stadt, um ihre Wurst- und Fleischwaren zu verkaufen. Denn der Bauch von Hannover will gefüllt sein, immer und immer wieder.

- Markthalle Hannover, Karmarschstraße 49, 30159 Hannover
  www.markthalle-in-hannover.de
- ÖPNV: Stadtbahn 3, 7, 9, Haltestelle Markthalle/Landtag

Teezeremonie für Einsteiger

13

Japanisches Teehaus im Stadtpark

Den Teebeutel in die Tasse werfen, kochendes Wasser drüberschütten und ein bisschen warten. Mit großem Genuss hat das wenig zu tun, doch im stressigen Alltag muss es oft schnell gehen. Jana Roloff hingegen bewahrt Ruhe. Für jeden Schritt lässt sie sich die nötige Zeit, viel Zeit. Jana beherrscht die spirituelle japanische Teezeremonie bis ins kleinste Detail. Gespannt schauen wir ihr dabei zu, auf kleinen Kissen sitzend. Als authentische Kulisse dient das putzige Teehaus Senshin-tei im Stadtpark, ein Geschenk von Hannovers Partnerstadt Hiroshima. Zum vollendeten Teegenuss führt ein komplexer Ablauf von Bewegungen und Gesten. Wir schauen aufmerksam zu, wie Jana die Gefäße und Werkzeuge einem festen Ritual folgend verschiebt und reinigt. In einem verzierten Teedöschen, Natsume genannt, befindet sich das grüne Teepulver des Matchas, der den Geist belebt. Die japanische Spezialität wird aus besonderem Grüntee zu feinstem Pulver gemahlen. Mit dem Chashaku, einem schlanken Bambuslöffel, dosiert Jana den Matcha und befördert ihn behutsam in ein handgefertigtes Schälchen, Chawan genannt. Mit einer Holzkelle schöpft sie heißes Wasser aus einem Kessel hinein. Nun ist ein flinkes Händchen gefragt, um mit dem Chasen, einem Rührbesen mit feinen Bambusborsten, den Matcha schaumig zu schlagen. Die Zeremonie ist eine ausgeklügelte Angelegenheit, die sehr elegant und tatsächlich beruhigend wirkt. Was derweil draußen passiert, vergessen wir schnell, da kann der Wind noch so wütend wehen. Es ist vollbracht: Wir nehmen die Teeschale mit der rechten Hand auf und stellen sie auf dem linken Handteller ab. Wir trinken und schlürfen, um auch den letzten Schluck Schaum von dem gesunden Wachmacher aufzusaugen. Konzentriert nehmen wir den Geschmack wahr: leicht bitter, aber gleichzeitig sanft und wohltuend. Eine Teezeremonie kann fünf Stunden in Anspruch nehmen, die im Stadtpark Hannover dauert nur zwei – eine interessante Erfahrung, perfekt für den Einstieg.

TIPP

Für die Teilnahme an einer Teezeremonie ist eine Reservierung über die Webseite nötig.

● Teehaus Senshin-tei im Stadtpark Hannover, Kleefelder Straße 37, 30175 Hannover, www.teezeremonie-zen.de
● ÖPNV: Stadtbahn 4, 5, 11, Haltestelle Clausewitzstraße

Auf Schatzsuche am Leineufer

14 Altstadt-Flohmarkt

Nur wer stöbert, kann einen Schatz finden. Zum Beispiel eine Stehleuchte in sonderbarer Form und Farbe, die perfekt in den Flur passen würde. Oder eine alte Fotokamera, mit der das Fotografieren noch Handarbeit ist. Zwischen Kunst, Kitsch und Trödel schlummert auf dem Altstadt-Flohmarkt so manche Kostbarkeit. Schon seit einem halben Jahrhundert verkaufen hier die Leute alles, was sie nicht mehr mögen. Andere freuen sich über die alten Tische und Stühle, die Muttern fast weggeworfen hätte.

Für viele Hannoveraner gehört der Flohmarkt-Rundgang am Leineufer zu einem Samstagvormittag einfach dazu – selbst im Winter. Der Bummel weckt bei den Besuchern auch alte Erinnerungen an die Kindheit, als ein Karton voller Drei-Fragezeichen-Kassetten kleine Herzen höherschlagen ließ. Zum Glück hat der Flohmarkt bis heute seinen besonderen Charme bewahrt, der Ramsch hält sich in Grenzen. Vieles darf nicht verkauft werden: verpackte Neuwaren etwa, die so manch anderen Flohmarkt überschwemmt haben. In der Altstadt gelten die strengen Regeln der Flohmarktordnung. Wer sich daran hält, darf seine Sachen anbieten, eine vorherige Anmeldung ist nicht nötig. Angehende Verkäufer sollten allerdings früh aufstehen: Schon ab 8 Uhr schlendern im Sommer die ersten Schatzsucher zwischen den Ständen entlang.

Plötzlich fluten Glückshormone das Herz, wenn die Sonne einen urgemütlichen Ohrensessel beleuchtet. Der soll es sein – der muss es sein! Nur recht teuer ist er, also beginnt das spannende Spiel: Feilschen will gelernt sein, macht aber Spaß, wenn sich alle darauf einlassen. Es gilt, gekonnt zu bluffen: 200 Euro – viel zu viel! Doch der Verkäufer bleibt hartnäckig. Jetzt bloß cool bleiben, das Pokerface bewahren und eiskalt 100 Euro bieten. „Niemals!“, ruft der Sesselbesitzer empört. Dann halt nicht und ein Gehen antäuschen. „Warten Sie doch“, ruft der Verkäufer. Schließlich wechselt der Sessel seinen Besitzer – für 150 Euro. Nur: Wie kriegt der glückliche Käufer seinen Ohrensessel jetzt nach Hause?

- Altstadt-Flohmarkt, Am Hohen Ufer 3, 30159 Hannover
  www.hannover.de/flohmarkt
- ÖPNV: Stadtbahn 3, 7, 9, Haltestelle Markthalle/Landtag

Glück in Sträußen

15 Bunte Vielfalt im Blumenladen Indigo

Blumen zählen zu den Dingen im Leben, die eigentlich niemand wirklich braucht, die aber unfassbar glücklich machen. Selbst wenn es ein Klischee ist: Jede Frau freut sich doch über einen Strauß hübscher Schnittblumen – egal ob als Überraschung vom zerknirschten Freund, von der Tochter zum Geburtstag oder als Seelentröster von der besten Freundin. Sobald die Blumen ihren betörenden Duft in der Wohnung verbreiten und im Sonnenlicht leuchten, durchflutet Serotonin den Körper. Nur sollte es kein Billigstrauß von der Tanke sein, denn mal ehrlich: Die sind ein schlechter Scherz.

Modernes und bezauberndes Blumenglück für alle mit einem Faible fürs Besondere bietet Indigo. Hier gibt es außergewöhnliche Schnittblumen, die man in anderen Blumenläden vergebens sucht. Wildblumen und extravagante Gewächse binden die kompetenten Floristen zu Sträußen, die ohne Füllmaterial oder langweilige Tulpen, Rosen oder Gerbera auskommen. Ein Bouquet aus Eukalyptus, Disteln und Craspedia bringt einen Farbklecks auf den Frühstückstisch und ist nebenbei auch noch total instagrammable. Auch für eine farbenfrohe Hochzeit, zum Beispiel im Boho-Style, können sich Brautpaare von Indigo ausstatten lassen. Schöner wird's wirklich nicht!

TIPP
Indigo liefert frische Sträuße auch im „Blumenabo“ nach Hause – inklusive Leihvase.

In Hannover hat sich der besondere Blumenladen fest etabliert: Bereits 1993 eröffnete das erste Geschäft am Lindener Marktplatz. Heute versorgen weitere Ableger in der Nordstadt (E-Damm), in der List (Jakobistraße) und in der Südstadt (Bertha-von-Suttner-Platz) die Hannoveraner mit Glück in Sträußen. Alle Filialen sind aus einem Guss: dunkelgraue Betonböden und schlichte Regale geben den bunten Gewächsen die perfekte Bühne, um in allen Farben zu leuchten. Neben Blumen und putzigen Babykakteen finden Interieur-Fans bei Indigo auch ausgewählte Accessoires wie Vasen, Tischleuchten, Postkarten und sogar kleine Möbelstücke. Es ist sehr schwer, diesen Laden mit leeren Händen zu verlassen.

- Indigo Blumenladen (Linden), Stephanusstraße 2, 30449 Hannover, Tel. (05 11) 45 32 2, www.indigoblumen.de
- ÖPNV: Stadtbahn 9, Bus 100, 120, 200, Haltestelle Lindener Marktplatz

Film ab unterm Sternenhimmel!

16

Open-Air-Kino Seh-Fest

Gekringelte Pizzaschnecken, pralle Weintrauben, pinke Wassermelonen: All die Speisen liegen hübsch drapiert auf unserer Picknickdecke und wollen vernascht werden. Im Kino eigenes Essen essen – beim Seh-Fest ist das möglich. In den Sommermonaten lockt das Outdoor-Kino die Filmfans mit ihren isolierenden Campingdecken und Picknickkörben an die Gilde-Parkbühne. Das Filmprogramm ist vielfältig: Es gibt Klassiker, lustige Actionkomödien, seichte Schweighöfer-Filme und krachende Blockbuster. Oder eben ein romantisches Liebesdrama mit viel Herzschmerz.

In der ersten Reihe liegen in den „Kuschel-Muscheln" bereits die glücklich verliebten Paare – und jene, die es noch werden wollen: zwei Jungs, die schüchtern fummeln, eine Frau, die schnell ihre Schminke korrigiert, während ihr süßer Schwarm süßes Erdbeereis holt. Es sind die mit Abstand beliebtesten Plätze, hier können liebestrunkene Tinder-Matches ohne neidische Blicke rumknutschen. Wir sind leider zu spät, alle Muscheln sind schon voll. Doch auf der Decke ist es auch kuschelig und gemütlich. Der Wettergott ist uns wohlgesonnen: Am Himmel ist keine Wolke, seit Tagen nur Eis essen, baden und im Schatten dösen. Wetter-skeptiker haben ihre Multifunktionsjacke dabei, für alle Fälle, es könnte ja kühl werden, wenn die Sonne verschwunden ist. Für warme Arme, Beine und Bäuche sind die Besucher selbst verantwortlich, es gibt keine Ausrede: Nur wenn die Welt untergeht, entfällt die Vorstellung. Löst sich aus den Wolken nur etwas Nieselregen, muss man es sich unterm Regencape muckelig machen.

Langsam rutscht die Sonne den Himmel hinab und verschwindet schließlich hinter den Bäumen. Die Vorstellung beginnt und über uns erobert Stern für Stern den Nachthimmel. Der Mond ist auch da, er hat ganz schön abgenommen. Ein paar hungrige Fledermäuse drehen ihre Runden, Grillen zirpen und Flaschen klirren. Wir kuscheln uns ein bisschen näher aneinander, geben uns ein Küsschen und genießen den romantischen Abend.

- Seh-Fest, Gilde Parkbühne, Ferdinand-Wilhelm-Fricke-Weg 8, 30169 Hannover
  www.seh-fest.de
- ÖPNV: Stadtbahn 3, 7, 17, Haltestelle Stadionbrücke,
  Bus 200, Haltestelle Luise-Finke-Weg

Campingstuhlzone

Schnurgerade

17

Mittellandkanal und Schleuse

Die Strecke ist denkbar einfach: Es geht immer nur geradeaus. Links fließt das Wasser und rechts rascheln die Bäume und Sträucher. Über unseren Köpfen erstreckt sich der blaue Himmel, makellos, wie abgeleckt. Unsere Gedanken gleiten davon, während wir mit halber Kraft in die Pedale treten und an Anglern vorbeirauschen, die verträumt aufs funkelnde Wasser starren. Wir sind unterwegs am Mittellandkanal, der im Norden die Stadt durchschneidet. Insgesamt ist der „MLK" 325 Kilometer lang und damit Deutschlands längste Wasserstraße, die im weiteren Sinne Rhein und Oder verbindet. Nicht nur Schwäne und Enten gleiten über das Wasser, auf dem Kanal fahren auch lange Frachtschiffe gluckernd und ohne Eile ihrem Ziel entgegen. In ihren Bäuchen liegen Kohle oder Schrott, an Deck winkt die Besatzung. Motoren brummen, der Bug teilt die Wasseroberfläche. Ein paar Schwäne schwanken aufgebracht auf dem Wasser, auf und ab, hin und her. Sonst herrscht kaum Wellengang.

TIPP

Wer die Schleuse von Nahem erleben will, kann eine Schifffahrt buchen und sich schleusen lassen.

Wir bremsen in Anderten, wo eine imposante Schleuse die Schiffe hinaufhebt oder herabsenkt. So können sie spielend einen Höhenunterschied von fast 15 Metern überwinden; sie müssen nur im Wasser warten. Lange dauert der automatisierte Schleusenvorgang nicht, etwa eine Viertelstunde, schon geht die Fahrt weiter. Neugierige Beobachter haben von der Lehrter Straße aus einen guten Blick auf die Schiffe und die Schleuse. Ins Auge fallen von dort auch die 20 rötlichen Ventilhäuschen, die auf dem Betriebsgelände verteilt stehen.

Interessant ist auch ein Blick in die Geschichte: Erbaut wurde die imposante Schleuse ab 1919, in Betrieb genommen im Sommer 1928. Zur Eröffnung kam der Namensgeber Paul von Hindenburg persönlich vorbei, der die Technik genial fand. Heute gilt der damalige Reichspräsident als problematische Figur der Geschichte, weshalb die Schleuse lieber einen anderen Namen tragen sollte. Nach diesem historischen Kurzausflug geht es in der Gegenwart weiter, immer am Uferweg entlang, immer weiter geradeaus. Eben denkbar einfach.

- Schleuse Anderten (Hindenburgschleuse), An der Schleuse, 30559 Hannover
- ÖPNV: Stadtbahn 5, Haltestelle Anderten, Bus 800, Haltestelle An der Schleuse

Mittagessen in Klein-Paris

18

Jugendstil und Wein am Wedekindplatz

Auch Hannover hat sein Klein-Paris, es liegt genau auf der Grenze zwischen Oststadt und List. Der Wedekindplatz ist ein charmanter Ort mit Kopfsteinpflaster, kleinen Lokalen und Geschäften. Ein architektonisches Kleinod, umgeben von denkmalgeschützten Häusern, aber zerschnitten von der Wedekindstraße – ein kleiner Wermutstropfen, denn ohne Verkehr wäre es hier noch ein bisschen schöner, vor allem ruhiger. Aber auch mit Straße ist der lauschige Wedekindplatz ein besonderer Glücksort: Im Sommer etwa, wenn sich ein warmer Tag seinem Ende entgegenneigt und die Menschen entspannt durch die Straßen flanieren, sich treiben lassen und schließlich am Wedekindplatz landen. Um dort ein, zwei, drei Gläser Wein zu genießen. Die Sterne, der Mond und Jupiter funkeln über den Köpfen. Und da sind noch die Lichter der Straßenlaternen, der Radfahrer, der Autos. Und die Lichter der Wohnzimmer in den wunderschönen Wohnhäusern: Wir schauen gern hinein in die Leben der anderen. Es sind verträumte Blicke, weil wir uns vorstellen, wie es wäre, in einer dieser beliebten Stadtwohnungen zu leben.

TIPP

Im Café Lulu ausgiebig frühstücken und Croissants mit Marmelade vernaschen.

Auch tagsüber, wenn das Leben lauter und hektischer ist, wenn die Sonne im Zenit steht und die Mägen knurren, auch dann ist der Wedekindplatz immer einen Besuch wert. Ein Lachen schallt herüber, jemand raucht, der Qualm verwirbelt in der Luft. Der Duft von Waffeln und Kaffee weht in die Nasen. Kinder, die sich frei fühlen, tollen über den Platz, und ein flauschiger Hund faulenzt auf dem welligen Boden. Die Weinkenner im Wedevini überlegen derweil: Welcher Wein soll es sein? Er soll munden und fein im Abgang sein, erdig vielleicht oder doch eher lieblich? Im Marie gegenüber, in dieser Melange aus Bistro und Restaurant, sitzen Deutschlehrer, Genießer und Flaneure beisammen und essen frischen Flammkuchen. Auch wir sind hier, sitzen am Fenster und schauen hinaus auf den in zwei Hälften geteilten Wedekindplatz. Das kleine Paris mitten in Hannover, hoffentlich wird es seinen Charme niemals verlieren.

- Wedekindplatz, 30161 Hannover
- ÖPNV: Bus 134, Haltestelle Flüggestraße

Flüggestr
SEINE SACHEN

Natur, Ruhe & nackte Haut

19

Ricklinger Kiesteiche

Die plötzliche Stille ist intensiv und schmerzt in den Ohren. Kein Wind weht, kein Auto fährt, kein Presslufthammer dröhnt – keine Schallwelle weit und breit. Die Zeit scheint stillzustehen. Dann frischt der Wind wieder auf und bringt die Bäume zum Rauschen. Die Wasseroberfläche kräuselt sich zaghaft, auf dem See funkelt das Sonnenlicht. Ein stadtnahes Idyll.

Ein Mann mit weißen Brusthaaren und knallroter Speedo steigt ins Wasser – dieser Wahnsinnige! So warm ist es doch noch nicht, als dass Baden im See großen Spaß machen würde. Der Frühling kündigt sich vorsichtig an und die Sonne hat noch nicht ihre volle Strahlkraft entfaltet. Der Himmel immerhin ist komplett blau, verziert mit ein paar Kondensstreifen. Der Mann trotzt der Kälte und taucht geschmeidig ins Wasser ein, als hätte es herrliche 30 Grad. Wir treten in die Pedale.

TIPP

Direkt an den Kiesteichen befindet sich das Ricklinger Freibad.

Unsere kleine Flucht via Velo führte uns an die Ricklinger Kiesteiche. Sie sind beliebter Zufluchtsort für gestresste Städter und Naturfreunde, die hier eine perfekte Landschaft für ausgedehnte Fahrradtouren und Spaziergänge vorfinden. Das Land ist angenehm flach und saftig grün. An heißen Sommertagen kühlt ein Sprung in den „Großen Teich" ab, dessen Wasserqualität meistens ausgezeichnet ist. Nach dem Schwimmen kann man träumend auf den Liegewiesen trocknen oder im Schatten der Bäume dösen. Ein Rentner, der das Entspannen wirklich ernst nimmt, hat sogar eine Liege dabei. Die klappt er auf, legt sich drauf – und schläft sofort ein.

Der „Sieben-Meter-Teich" ist in Wahrheit keine 7 Meter tief. Er gehört den Nudisten. Am Ufer liegen also diejenigen, die für ein paar Stunden der Enge von Hosen und Hemden entkommen wollen. Unverhofft laufen hin und wieder bekleidete Jogger vorbei. Manchen sieht man den Schreck an, wenn sie die nackten älteren Herren entdecken, die viel zu nah am Hauptweg stehen. Sie zeigen gern, was sie haben. Beeindruckend sind allerdings nur ihre Plautzen. Wir treten schneller in die Pedale, spüren den Fahrtwind im Gesicht.

- Ricklinger Kiesteiche, Döhrener Masch, Hannover
- ÖPNV: Stadtbahn 3, 7, 17, Haltestelle Beekestraße

Im kleinsten Kino der Welt

20 Wohnzimmerkino Lodderbast

Dieses Kino ist ein selbsternannter Antiflix, ein Monoplex – und: ein Schmuddelkind. Eben ein Lodderbast, wie es im Calenberger Platt heißt. Das Wort, das so wunderbar von der Zunge rollt, kennt Johannes Thomsen noch von seiner Oma: Lodderbast sei durchaus liebevoll gemeint. Unter diesem Namen betreibt Johannes zusammen mit seiner Frau Wiebke das wahrscheinlich kleinste Kino der Welt. Winzig wie ein Wohnzimmer, nur 20 Sessel vor einer Leinwand. Weiche Vintage-Sessel, von hier und da eingesammelt. Hinterm selbstgebauten Tresen öffnen die beiden noch fix ein paar Bierflaschen und schippen Popcorn in runde Pappbecher. Ein altes Radio spielt Musik, während die Besucher gemütlich in ihre Sessel sinken. Dann pustet Wiebke die Kerzen aus und schließt die Holzrollläden. Das Licht geht aus und der Film fängt an. Das Popcorn ist warm und frisch, das Bier prickelt so schön auf der Zunge.

TIPP
Wahre Filmnerds können Club-Mitglieder im Lodderbast werden und dann jeden Film anschauen.

Das Lodderbast hat Kinofeeling, nur ist die Atmosphäre viel intimer. Hinten links weint jemand, rechts schluchzen sie – und zwischendurch springt die Gastherme an, während auf der Leinwand die kleinen und großen Dramen passieren. Die Filme, die das Lodderbast zeigt, sind besondere: Arthouse trifft auf Trash, Kultstreifen auf große Hollywood-Produktionen. Blutleerer Mainstream wie in den klebrigen Multiplex-Kinos schafft es jedoch nicht auf die Leinwand, damit können Johannes und Wiebke nix anfangen. „Hier laufen nur Filme, die wir sehenswert finden", umreißt der Kulturenthusiast das Konzept. Auch Wiebke liebt Filme, sie war schon immer Cineastin.

Das Paar ist einfach mit Herzblut und Begeisterung bei der Sache, mit viel Liebe und Filmwissen stellen sie ihr Programm zusammen. Monatlich wechseln die Schwerpunktthemen, dann gibt es etwa seltsame Horrorfilme zu sehen, oder aber Filme, in denen Musik eine Hauptrolle spielt. Einen ständigen Schwerpunkt bildet das „wilde deutsche Kino". Im Lodderbast werden plötzlich sogar Menschen, die sonst nur „Tatort" gucken, zu emsigen Kinogängern. Ein echtes Happy End!

- Lodderbast, Berliner Allee 56, 30175 Hannover, Tel. (01 70) 2 38 28 28
www.lodderbast.de
- ÖPNV: Stadtbahn 4–6, 11, Bus 121, Haltestelle Marienstraße

Liebe geht durch den Magen

21

Das Lieb.es auf dem E-Damm

Der Putz an den Wänden ist an einigen Stellen aufgerissen. Aber das soll so. Auch das kleine Graffito ist Absicht – kein „Schmierfink“ hat es dorthin gesprüht, sondern die Betreiber selbst: „lieb.es“ steht da geschrieben. Es ist der Name dieses gemütlichen Café-Restaurants am E-Damm, das schnell zum Liebling der Nordstädter avancierte. Die Leute lieben es – aus gutem Grund: Das Essen ist frisch, gesund und echt lecker. Ein besonderer Genuss sind die selbstgemachten Limos und Eistees, und auch für einen Latte Macchiato mit veganem Schokokuchen ist das Lieb.es der richtige Ort. Hinten in der Ecke stehen Sofas und Sessel, alles Vintage. Die sind begehrt bei den Gästen und laden zum langen Verweilen ein. Das warme Licht und die vielen Kissen komplettieren das heimelige Ambiente. Im Sommer sitzen die Leute auch gern draußen auf der Außenterrasse und atmen dort das Flair des E-Damms ein. Beobachten, wie junge Mütter ihre Kinderwagen in den Bioladen schieben oder wie brave Hündchen sehnsüchtig auf ihre Herrchen warten.

TIPP

Im Lieb.es gibt es auch „Früüüüühstück“, besonders empfehlenswert ist der Sonntagsbrunch.

Wir blättern lustvoll durchs Menü, das mit letzter Kraft von einem Klemmbrett zusammengehalten wird. Im Angebot hat das Lieb.es gut gefüllte Bowls, Brote mit knuspriger Kruste und einfallsreiche Salate sowie Currys und Pastagerichte. Dank der wechselnden Wochenkarte mit saisonalen Gerichten wird es nie eintönig. Für uns soll es nur ein leichtes Mittagessen sein, einmal das vegane „Hummus-Spektakel“ und dazu ein griechischer Salat mit Hühnchen, wegen der Proteine. „Sehr gern“, sagt die gut gelaunte Bedienung und schwebt rüber zum Nebentisch, wo Agenturmädchen ihre heutigen Learnings austauschen. An den anderen Tischen studieren vollbärtige Studenten ihre Notizen oder schauen selig in ihren trendigen Espresso-Tonic. Es ist ein ruhiger Tag in entspannter Atmosphäre. Wir werden eins mit dem gemütlichen Sofa.

- Lieb.es, Engelbosteler Damm 15, 30167 Hannover, Tel. (05 11) 49 53 97 53
- ÖPNV: Stadtbahn 6, 11, Haltestelle Christuskirche

Eine Bar mit Flair

22 In Oscar's Bar

Der Boden schwankt ein bisschen, das ist ja ulkig. Ob wir die richtige Richtung eingeschlagen haben, wissen wir nicht. Wird schon irgendwie gehen. Vor zwei Stunden betraten wir gut gelaunt das Oscar's. Es ist Donnerstag und wir haben Feierabend. Außer uns sind noch andere hier, die tagsüber angestrengt auf Bildschirme starren: Banker mit Schlipsen, Agenturleute mit Hosenträgern und Geschäftsreisende mit Trolleys. Für sie und uns ist das Oscar's eine Zwischenstation auf dem Weg von der Arbeit zum Sofa.

Die Traditionsbar gegenüber vom Opernhaus ist ein stilvoller Ort, eine Bar mit klassischem Flair: dunkles Holz, warmes Licht und ein riesiges Glasregal hinter der Bartheke, auf dem unzählige bunte Flaschen stehen. Dahinter ein großer Spiegel, eingerahmt von zwei goldenen Säulen. Schick, schick, wir sind beeindruckt. Schon das detailverliebte Interieur macht deutlich: In dieser Bar gibt es keinen billigen Fusel und keine wässrigen Cocktails mit leuchtenden Plastikringen, hier geht es um den guten Genuss. Die Spirituosen und Zutaten sind hochwertig, die Cocktails werden von Profis gemixt. Die Barmänner tragen Hemden und Westen – und sie können unterhalten. Uns bedient ein junger Mann mit einem fröhlichen Lächeln auf den Lippen. Wir bestellen zwei Mai Tai – viel Ahnung von den Getränken haben wir allerdings nicht. Das ist nicht weiter schlimm. Im Oscar's werden unwissende Besucher kompetent beraten. Regelmäßig gibt es außerdem Tastings, bei denen sich der Gaumen mit gutem Whiskey oder Gin verwöhnen lässt. Ein leckeres Erlebnis.

Vor uns stehen die Cocktails, die wirklich fantastisch schmecken und auch gut aussehen. Allerdings haben wir noch ein bisschen Hunger, doch gut speisen müssten wir woanders: Im Oscar's gibt es nur Knabberzeug in Gläschen. Wir sind damit zufrieden, schnell ist die erste Portion aufgemampft. Als wir zaghaft nach Nachschub fragen, hat der Kellner seinen Spaß: „Ihr seid wohl hungrig, was?" Wir knabbern und trinken, der Alkohol wirkt und wärmt, wirkt noch mehr – oje, der Boden beginnt zu schwanken. Beschwipst geht's zum Aegi und nach Hause. Ab aufs Sofa.

● Oscar's Bar, Georgstraße 54, 30159 Hannover, Tel. (05 11) 2 35 24 34
www.oscarsbar.de
● ÖPNV: Stadtbahn 1, 2, 4–6, 8, 11, Haltestelle Aegidientorplatz

Feuerwerk & Farbenpracht

23

Der Große Garten in Herrenhausen

Mit aller Kraft speit die Große Fontäne im „Nouveau Jardin" das schäumende Nass in die Luft. Mit 140 Stundenkilometern gut 70 Meter hoch. Ein Anblick, der nicht nur die Kinder begeistert, sondern ebenso die schwelgenden Eltern, die früher genauso ihre Köpfe in den Nacken legten, gebannt staunten – und dann aufgeregt durch den achteckigen Irrgarten irrten. In dessen Mitte befindet sich ein hübscher Holztempel, der früher als Voliere diente. Die gefiederten Bewohner sind inzwischen längst ausgeflogen.

Im Sommer bietet der Große Garten einen weiteren guten Grund, in die Luft zu schauen, nämlich wenn Pyro-Profis ihr gigantisches Feuerwerk entfachen. Der jährliche internationale Feuerwerkswettbewerb lockt seit Jahren begeisterte Zuschauer an, die im Chor „Ooohh!" und „Aaahh!" säuseln. Der Nachthimmel erstrahlt wunderbar in allen Farben und das dumpfe Knallen massiert die Trommelfelle. Die farbenfrohe Pracht lässt sich auch außerhalb des Barockgartens betrachten, von der anderen Seite der Graft aus. Dort auf einer Decke sitzen und ein, zwei, drei Becher Rotwein schlürfen: völlig kostenlos und dennoch schön, schön, schön.

TIPP

Eine Jahreskarte für den Großen Garten kostet nur 25 Euro – und gilt auch für den Berggarten.

Schon seit 300 Jahren lädt der Große Garten außerdem zum zerstreuten Lustwandeln ein – im Licht der Sommersonne, durch das goldene Herbstlaub, über knirschenden Schnee und schließlich inmitten blühender Blüten, wenn der Frühling in der Nase kitzelt. Die vielfältige Blumenpracht und die frisierten Sträucher sind wahrlich von königlicher Eleganz. Was früher dem Adel vorbehalten war, ist heute für alle offen, die ein paar Euro Eintritt zahlen. Sogar das Picknicken ist erlaubt, auf den Rasenflächen zwischen akkurat gepflegten Bäumen und Büschen, die so manchen Heimgärtner ordentlich neidisch werden lassen. Und wenn die Sommersonne spät hinter dem Horizont verschwunden ist, werden die Pflanzen, Gebüsche und die Fontänen großartig illuminiert. Spätestens dann wird die Umgestaltung des eigenen Gartens zum dringlichen Großprojekt.

- Herrenhäuser Gärten, Herrenhäuser Straße 4, 30419 Hannover
www.herrenhausen.de
- ÖPNV: Stadtbahn 4, 5, Bus 136, Haltestelle Herrenhäuser Gärten

Kaffeegenuss für Kenner

24

Café und Rösterei 24 Grad

Guter Kaffee schmeckt nach Aprikose, Honig, Schokolade, Orange oder nach Mandeln – man muss nur genau hinschmecken. Schlechter Kaffee hingegen liegt wie kalte Asche auf der Zunge, schmeckt muffig und bitter. Sicher, die gustatorische Wahrnehmung will ein wenig trainiert sein, bis sich die Nuancen aus der Bohne erschmecken lassen. Doch es lohnt sich, denn der gekonnte Genuss macht glücklich.
Die beste Geschmacksschule ist das 24 Grad in der Nordstadt. In der Rösterei mit angeschlossenem Ladencafé finden sich die Kaffeeliebhaber der Stadt ein, um der Bohne zu frönen und die Kaffeekultur zu fördern. Auf den gemütlichen Vintage-Sesseln lässt es sich vorzüglich aushalten, mit einer dampfenden Tasse Kaffee und einer knisternden Zeitung. Nicht fehlen darf ein saftiger Brownie, der auf einem Teller mit Goldrand serviert wird. Ein paar der süßen Speisen sind vegan, alles ist lecker, besonders die Schokobrownies und – natürlich – der Kaffee. Egal ob handgefiltert, aus der French Press oder durch den Siebträger gepresst als Espresso: Im 24 Grad geben sich die Baristas nur mit dem Besten zufrieden. Einziger Nachteil: Wer hier regelmäßig seinen Premium-Kaffee genießt, kann bald keinen günstigen Discounter-Kaffee mehr trinken. Zum Glück gibt es die auf Wunsch frisch gemahlenen 24-Grad-Bohnen auch zum Mitnehmen, für ein genussvolles Frühstück daheim und als Begleitung zum Feierabend-Kuchen. Der tolle Geschmack hat zwar seinen Preis, doch der ist es wirklich wert. Denn auch die Kaffeebauern profitieren, das 24 Grad legt Wert auf eine faire Bezahlung. An der Wand zeigt eine große Weltkarte, aus welchen Ecken und Enden die Bohnen kommen: aus dem Streifen zwischen dem 24. nördlichen und dem 24. südlichen Breitengrad. Dort liegen die besten Anbaugebiete, von dort kommt der leckerste Kaffee der Welt nach Hannover, in die Tasse und schließlich auf die Zunge.

TIPP

Das 24 Grad vermittelt Kaffee-Fachwissen in Seminaren. Für flinke Hände gibt es außerdem Barista-Kurse.

- 24 Grad Café und Kaffeerösterei, Engelbosteler Damm 52, 30167 Hannover
www.24grad.net
- ÖPNV: Stadtbahn 6, 11, Bus 200, Haltestelle Kopernikusstraße

ESPRESSO NO 1 20€
ESPRESSO NO 2 22€
ESPRESSO ROBUSTA 24€
EDITION 24€
DECAF 20€

Die große Liebe heißt Musik

25

Im Plattenladen 25 Music

Musik ist überall und ständig verfügbar, Millionen Songs und Millionen Alben auf Abruf. Liebhaber aber, die Musik intensiv genießen wollen, brauchen einen physischen Tonträger, der in zeremonieller Ruhe auf den Plattenteller gelegt wird – Vinyl ist eben auch Entschleunigung. Das mag altmodisch und etwas unpraktisch sein, schließlich nehmen Schallplatten viel Platz weg und bedürfen der ständigen Pflege. Doch der Hörgenuss ist für viele unvergleichlich und ein sinnliches Erlebnis.

Neuen (und gebrauchten) Nachschub für die Plattensammlung liefert seit nunmehr 30 Jahren ein gut sortierter Laden mitten in der Stadt: 25 Music ganz in der Nähe der Lister Meile. Heute über einen Hinterhof zu erreichen, lockt das Geschäft junge und alte Streaming-Skeptiker und Vinyl-Fans an. Es hat etwas von einem liebgewonnenen Ritual: Nach Feierabend nur mal schnell vorbeischauen und in den Neuerscheinungen und Sonderangeboten stöbern – und eine Stunde später flippen die Finger immer noch durch die gebrauchten Jazzplatten. Stets auf der fiebrigen Suche nach Kuriositäten und Raritäten und dem nächsten Lieblingsalbum. Diese Schatzsuche kostet natürlich viel Zeit. Aber genau darum geht es hier: Die Suche muss ein bisschen anstrengend sein, damit das erfolgreiche Finden eine heftige Euphorie auslöst. Plötzlich liegt die lang, lang gesuchte Platte in den eigenen Händen, wie im Traum. Nun aber zur Kasse, noch ein bisschen mit dem Verkäufer fachsimpeln.

TIPP

Am „Record Store Day" im April gibt es bei 25 Music Vinyl-Sondereditionen zu kaufen.

Musik ist überall und das ist schön so. Für jede Stimmung gibt es den passenden Soundtrack, auch in der knallvollen Bahn, wenn sich die Ohren nach ein paar beruhigenden Klängen sehnen – oder aber nach schnellem Thrash Metal, um den müden Geist aufzuwecken. Am schönsten ist der Musikgenuss aber zu Hause, wenn die Nadel durch die Rillen kratzt und die Boxen leise knistern.

● 25 Music, Kronenstraße 12, 30161 Hannover
www.25-music.de
● ÖPNV: Stadtbahn 3, 7, 9, Haltestelle Sedanstraße/Lister Meile

Vinyl-Store
25 music
NEUHEITEN+
ANGEBOTE
PHAZZ

Hannover vom Wasser aus

26 Eine Kanutour auf Leine und Ihme

In der Ferne hören wir dumpfe Bässe. Unser Bizeps brennt und der Po ist platt. Sanft gleitet unser Kanu die letzten Meter auf der Leine entlang, da vorn sehen wir schon die Ihme. Das Paddelblatt schneidet durch die ruhige Wasseroberfläche und wirbelt einige Bläschen auf, bevor es wieder auftaucht. Jetzt nur nicht schlapp machen! Neben uns schwimmt ein eingebildeter Schwan, er kann über unsere Schweißtropfen nur müde lachen. Die Musik lockt uns zur Beach Bar Strandleben, hier erwartet uns eine verdiente Erfrischung. Unser Kanu knoten wir an einer hervorstehenden Baumwurzel fest, klettern hoch zum Strandleben und schlüpfen aus unseren Schwimmwesten. Jetzt eine Limo und wir sind glücklich.

Auch wenn das Paddeln für unsere Puddingarme ermüdend ist, macht es unheimlich viel Spaß, die Stadt einmal vom Wasser aus zu erkunden: Die verstopften Straßen und der lärmende Verkehr sind ganz weit weg, im Kanu ist nur das beruhigende Plätschern der Leine zu hören. Los ging unser sonniger Ausflug in der Nähe des Maschsees. Wir paddelten vorbei am Stadionbad, passierten den verwunschenen Biergarten vom Loretta's und tauchten galant unter der verschnörkelten Bella-Vista-Brücke hindurch. Und schon waren wir in der Calenberger Neustadt angelangt – wie schnell das geht, wenn man nicht an roten Ampeln halten muss.

Die Limos sind leer, schnell zieht es uns zurück aufs Wasser. Wir gleiten von der Leine in die Ihme. Hier geht es dann etwas wilder zu, die Strömung ist stärker, ebenso das Verkehrsaufkommen. Ein Touristen-Boot hinterlässt Wellen, die uns etwas ins Schwanken bringen. Die leicht beschwipste Elfriede füttert mit ihrem Streuselkuchen eine aufgebrachte Entenfamilie. Plötzlich wird es merklich kälter: Das Ihme-Zentrum wirft seinen schweren Schatten auf uns. Von hier unten wirkt der groteske Klotz noch brutaler und mächtiger, jetzt wird uns die Dimension des riesigen Betonbaus erst so richtig bewusst. Schnell raus aus dem Schatten und weiter, immer weiter. Erschöpft, aber überglücklich erreichen wir schließlich das Sportleistungszentrum, wo wir vor 3 Stunden in See stachen. Der Kreis schließt sich.

● Leine Erlebnis, Ferdinand-Wilhelm-Fricke-Weg 2 b, 30169 Hannover, Tel. (0 55 33) 40 84 64, www.leine-erlebnis.de
● ÖPNV: Bus 200, Haltestelle Stadionbad

Entspannt mittendrin

27

Lokales im Lokal Vier

Sie haben einfach getauscht. Das Lindenblatt verließ die Limmerstraße und startete mitten in der City mit neuem Namen: Als Lokal Vier fand es im Tiedthof seine neue Heimat. Dieser bietet den Gästen viel mehr Platz und eine charmante Umgebung. Vorher residierte dort eine Filiale von Francesca & Fratelli, die wiederum das alte Lindenblatt in Linden übernahmen, um den Stadtteil mit noch mehr Pizza zu versorgen.

Mit dem Lokal Vier hat Ferdi Simsek nicht nur sein viertes Lokal eröffnet, sondern auch einen kulinarischen Glücksort geschaffen – einen Treffpunkt für den ganzen Tag. Morgens gibt es Flat White und Granola, mittags Eistee und Quinoa-Bowl und abends Aperol zum Lachstatar. Wer will, kann sich also ausgiebig durch die Karte schlemmen und sich abends an der Bar einen Absacker gönnen, ehe es weiter ins bunte Nachtleben geht. Immerhin befinden sich das Steintor und die Clubs gleich um die Ecke. In Sichtweite stehen außerdem das altehrwürdige Anzeiger-Hochhaus und die Kestner-Gesellschaft. Hier im Innenhof ist der Großstadttrubel jedoch weit weg, zumindest gefühlt. Es läuft entspannte Lounge-Musik, schon kommt der Kellner herbei und serviert belegte Sauerteigbrote und ausgefallene Salate.

TIPP
In der Altstadt das Schwesterlokal 800 Grad besuchen und ein Steak vom Southbend-Grill genießen.

Die Küche legt besonderen Wert auf fleischlose Alternativen und kurze Lieferwege. Regionale Partner liefern die Zutaten: Milch kommt aus der Wedemark, Eier aus Isernhagen und das Brot backt die über die Stadtgrenzen hinaus bekannte Bäckerei Gaues. Hochwertig sollen die Speisen sein, zudem nachhaltig und ausgefallen. Hohe Ansprüche also, die das Team an sich stellt. Auch ästhetisch will das Lokal Vier überraschen: Die sehr schicke und ultramoderne Inneneinrichtung hat eine Berliner Design-Agentur gestaltet, die sich einiges hat einfallen lassen. Industrie-Charme trifft auf Gemütlichkeit, Stahl auf Samt, Pflanzen auf Fliesen. Als Besonderheit gibt es ein minimalistisches Baumhaus, das auch als Working-Space dienen soll. Echt ungewöhnlich und ein hipper Hingucker!

- Lokal Vier, Goseriede 4, 30159 Hannover
www.lindenblatt-hannover.de
- ÖPNV: Stadtbahn 4, 5, 6, 10, 11, 17, Haltestelle Steintor

Flanieren & schlemmen

28 E-Damm in der Nordstadt

Das Licht ist aus Gold, die Stadt erblüht: Wie aus einem tiefen Winterschlaf erwacht das Leben auf den Straßen. Auch wir sind hellwach, als die Stadtbahn die Christuskirche erreicht. Raus aus der U-Bahn-Station, rein in die Wärme. Unsere Flaniermeile ist heute der Engelbosteler Damm, kurz und cool: E-Damm. Die Hauptgeschäftsstraße in der Nordstadt wird gesäumt von kleinen Concept Stores, Boutiquen, Kiosken, Fahrradgeschäften und natürlich süßen Cafés. Vorzüglich essen kann man hier ebenso – der E-Damm ist auch Schlemmermeile, die kulinarisch einiges zu bieten hat: köstliche Pizza, saftige Döner, knackige Salate, feurige Burritos, süße Teilchen oder deftige Croques. Dann sind da noch die Kneipen und Bars, die einladen, den Abend feuchtfröhlich ausklingen zu lassen.

Aber so weit ist es noch nicht, wir stehen noch am Anfang vom E-Damm. Vor dem „Internationalismus Buchladen" stöbern dünne Männer in den dicken Büchern mit Geschichte und Geschichten. Das große Ladenschild hat übrigens der andalusische Künstler Jorge la Guardia gemalt, erzählen wir unseren Freunden, die uns begleiten. Sie sind aus Hamburg angereist und wir wollen ihnen zeigen, dass Hannover die beste Stadt der Welt ist, die schönste, die entspannteste. Heute fällt das leicht, denn alles ist erleuchtet und die Lust auf den Frühling ist allerorts zu spüren. Die Leute lächeln, Hunde hecheln und Radfahrer rauschen an den Autos vorbei. Es ist eine Energie, die euphorisch macht. Zeit für eine Pause, wir sitzen draußen und trinken Gin, der ist in. Es ist Samstag und der Tag gehört uns! Später schlecken wir an süßen Eiskugeln. Vor dem „Eis 2000" diskutieren Kinder kreischend über die allerbeste Eissorte: „Nuss!", brüllt einer, „Banane!", ein anderer. „Alle sind toll!", weiß ein weises Mädchen. Nach ein paar Metern verschnaufen wir wieder: bei einem Kaffee vor dem Café. Wir hatten spontan Glück, es gab in der Abendsonne noch freie Plätze – die besten Plätze in der schönsten Stadt der Welt.

- Engelbosteler Damm in der Nordstadt, 30167 Hannover
- ÖPNV: Stadtbahn 6, 11, Bus 100, 200, Haltestelle Christuskirche

Kluge

Skandinavisches Glück

29 Alltagsfreuden bei Maranolo

Die kleine Lilly hat noch ganz sandige Hände. Ihr Sandkuchen-Business brummt, auf dem Spielplatz am Bertha-von-Suttner-Platz hat sie sich längst einen Namen gemacht. Heute ist sie mit ihrer Mutter Lena unterwegs, sie sind auf der Suche nach bruchsicherem Geschirr. Fündig werden die beiden bei Maranolo: Als Lena dort die große Auswahl an farbenfrohen Rice-Produkten aus Melamin entdeckt, umspielt ein Lächeln ihre Lippen. Gemustert, einfarbig, gepunktet – da fällt die Entscheidung schwer. Lilly hat indes nur Augen für Coco, den flauschigen Golden Retriever, der sich wie ein Flokati im Ladeneingang ausbreitet. Für den Nachwuchs darf es gern bunt und frech sein, doch für sich selbst mag Lena es eher schlicht und skandinavisch, erzählt sie der Inhaberin Maren Michael, die einen engen Kontakt zu ihren Kunden pflegt. Die meisten grüßt sie beim Vornamen, hey Meike, hallo Alexa! Fröhlich gibt sie gute Gestaltungstipps für den perfekten Frühstückstisch, während Lena vergnügt durch Tassen, Teller und Vasen von Eva Solo, Hübsch und Ferm Living stöbert und den schicken Schmuck und die weichen Kuscheldecken betrachtet. Sie möchte sich einfach mal wieder was gönnen. „Kennst du schon unsere Kleidung aus veganer Seide?", fragt Maren und hält stolz ein glänzendes Blüschen hoch. Anprobiert, wohlgefühlt – gekauft! Genau das hat Lena gesucht (ohne es vorher zu wissen).

Maren führt ihr Geschäft mit ganz viel Herz. Bei der Auswahl der Marken achtet sie auf hochwertige Verarbeitung und Nachhaltigkeit. In jedem Detail steckt viel Liebe. Kein Wunder: Mit dem Concept Store erfüllte sie sich einen lang gehegten Traum. Schon als Kind drückte sich Maren an Schaufenstern die Nase platt und wusste: Das will ich auch! In der Südstadt startete sie 2013 zunächst auf 16 Quadratmetern in einem ehemaligen Kiosk. Heute hat sie einen größeren und helleren Eckladen mit viel Platz für schöne Dinge. Nun muss Lilly aber los, eben kam eine Großbestellung Sandkuchen rein.

● Maranolo, Bertha-von-Suttner-Platz 1, 30173 Hannover, www.maranolo.de
● ÖPNV: Stadtbahn 1, 2, 8, Haltestelle Geibelstraße,
Bus 121, Haltestelle St.-Heinrich-Kirche

Laufen, skaten, radeln

30 Eine Runde um den Maschsee

Die Blätter der Bäume rascheln leise im Wind – dann schießt aus heiterem Himmel eine Böe durch das Blattwerk und wirbelt ordentlich Staub vom Boden auf. Die Sonnenanbeter auf den Sitzbänken kennen das: Schnell schließen sie ihre Augen, bis der Wind nachlässt und der Staub sich wieder gelegt hat. Dann können sie weiterlesen, weiterschauen, weiterdösen und das maritime Flair genießen.

Die Läufer lassen sich gern vom Wind treiben. Sie hecheln und schwitzen, aber es ist wunderbar, in der Abendsonne eine Runde um den Maschsee zu drehen. Einmal rum sind es genau 6 Kilometer – die perfekte Distanz für einen entspannten Lauf nach einem stressigen Tag. Das wissen und lieben auch die Skater und Radfahrer, die etwas schneller als die Läufer den Maschsee umrunden. Dank asphaltiertem Weg, der den anderen ergänzt, werden alle glücklich. Nur selten kommen sich Hobbysportler und Flaneure in die Quere. Etwa dann, wenn verschmuste Liebespaare nur Augen für sich haben: Sie merken nicht, wie sie langsam vom Fuß- auf den Fahrradweg driften. Erschrocken springen sie zur Seite, als wir auf unseren Rädern angepest kommen und uns klingelnd den Weg bahnen. Wir wollen nicht bremsen – wir wollen frei sein im Sonnenlicht, eins sein mit dem Wind.

TIPP

Für schöne Spektakel sorgen im Mai das Drachenbootrennen und im August das Maschseefest.

Wir halten erst am Nordufer, wo die weißen Parkbänke zum Verweilen verführen. Hier kommen alle vorbei, die ihre Runden um den Maschsee drehen. Einige haben sich richtig schick gemacht, auch Jogger, die ihr bestes Outfit ausführen. Kaffeepause macht man am „Anleger Nord". Neue Betreiber haben das kleine Büdchen aus den 30ern auf Vordermann gebracht und servieren dort nun köstlichen Kaffee stilvoll in richtigen Tassen. Plötzlich geraten ein paar Enten in Aufruhr, weil ein Junge mit aller Kraft zerfetztes Toastbrot ins Wasser wirft – eigentlich verboten, aber eben auch ein großer Spaß für den Kleinen. Die Krümel titschen auf die gekräuselte Oberfläche. Die Enten schwimmen schnell herbei, doch von unten taucht ein agiler Karpfen auf und frisst sich glücklich.

- Maschsee, Arthur-Menge-Ufer, 30169 Hannover
- ÖPNV: Stadtbahn 1, 2, 4–6, 8, 11, Haltestelle Aegidientorplatz, dann etwa 10 Minuten Fußweg

54

In den Tag geträumt

31 Das kultige Café Safran

Die Nacht war wild, der ganze Körper schmerzt. Die Welt ist viel zu laut und viel zu grell. Die Bedienung sieht auch noch etwas müde aus, aber sie ist jung und steckt eine durchtanzte Nacht gekonnt weg. Schnell ein „John Belushi" murmeln und dann den müden Schädel erst mal auf der Tischplatte ablegen. Für nur 2, 3 Minuten. Wenig später wird die Bedienung eine Zigarette, einen schwarzen Kaffee und einen Kaugummi an den Tisch bringen – ein Frühstück für verkaterte Minimalisten für knapp zwei Euro. Doch die Gauloise am Morgen ist eigentlich keine gute Idee: Das urige Café Safran bietet nämlich viel schmackhaftere Sachen zum Frühstück an – es wäre wahrlich eine Schande, nur den ollen Glimmstängel zu paffen, was ohnehin nur draußen erlaubt ist. Das verspielte Menü bietet außer dem „John Belushi" auch noch „Madame Tussaud" (Spiegeleier und Bacon) oder das „Piaf" (Brötchen, Croissant, Toast). Ein opulentes Frühstück für zwei ist das „Harry & Sally" (Brötchen, Marmelade, Lachs und Ei). Die Tische sind fast zu klein für all die Köstlichkeiten, aber irgendwie passt das schon.

An der Bartheke hockt derweil ein ausgeschlafener Erzähler und sabbelt enthusiastisch in fremde Ohren. Von der Bedienung gibt es dafür eine Verwarnung – noch ein weiterer Rüffel und die Labertasche muss weiterziehen. Am Wochenende ist das gemütliche Eckcafé stets gut besucht. Da sitzt etwa die junge Familie mit dem Kind, das nachts lieber kreischt als schläft, da sitzen Paare, die frisch verliebt ins Vollkornbrötchen beißen, da sitzen ältere Herren, die über die Heilkraft von Schottersteinen fachsimpeln. Und da sitzen ein paar schnurrbärtige Studenten, die später noch lernen wollen. Aber na ja, vielleicht gehen sie lieber ans Ihmeufer, grillen, dösen. Am Abend sitzen sie dann wieder hier, schwadronieren und lachen, ehe es ins Nachtleben geht, nach Linden rein oder zu irgendeiner Uni-Party. Mal sehen, was passiert.

- Café Safran, Königsworther Straße 39, 30167 Hannover, Tel. (05 11) 1 31 79 36
www.cafesafran.de
- ÖPNV: Stadtbahn 10, Bus 100, Haltestelle Glocksee

HAUSHALTSAUFLÖSUNG
漢語

Stylisches für kahle Wände

32

Concept Store Viewme

Die neue Altbauwohnung ist wunderschön, aber die hohen Wände sind langweilig weiß. Und die schreckliche Raufasertapete im Wohnzimmer – oje! Vincent Templin kann helfen: Der Grafikdesigner betreibt in der Sallstraße einen Laden, in dem er hochwertige Poster, Postkarten und dazu passende Bilderrahmen verkauft. Kitschige Sonnenuntergänge mit einem „Carpe Diem" drauf sind Vincents Sache jedoch nicht. Die Motive seiner Poster und Karten sind immer stilvoll, egal ob minimalistisch, modern oder verspielt. Texter, Schriftsteller und Blogger mögen vielleicht einen simplen Großbuchstaben im hübschen Bilderrahmen: einfach ein großes „H" in sattem Schwarz. Für Liebhaber der Landeshauptstadt gibt es ausgewählte Hannover-Motive und typografische Prints, etwa ein „Hannoverliebt" in schicken Lettern. Im Sortiment finden sich außerdem die Arbeiten diverser Labels, etwa die vom Paper Collective aus Kopenhagen. Die seien gerade sehr angesagt, sagt Vincent. Bestseller sind auch die Moebe-Frames, bei denen der Inhalt zwischen zwei Acrylglasscheiben festgehalten wird. Getrocknete Blümchen – vielleicht aus dem eigenen Hochzeitsstrauß – kommen darin wunderschön zur Geltung.

TIPP

Viewme druckt und rahmt auch Fotografien und Grafiken seiner Kunden in hoher Qualität..

Neben hochwertigen Kunstdrucken und Bilderrahmen findet man bei Viewme auch ausgewählte Papeterie, Ohto-Kugelschreiber aus Japan und weitere Kleinigkeiten, die das Leben schöner machen oder ein gutes Geschenk abgeben. Wer sich vorab einen Eindruck von den Produkten machen möchte, kann im Onlineshop stöbern. Ein Besuch im Geschäft ist jedoch dringend zu empfehlen: Nichts geht über die persönliche Beratung des kompetenten Inhabers. Da ist zum Beispiel dieses latent überforderte Liebespaar, das es sich schön machen will im neuen Zuhause. Vincent stellt ihnen ein paar Bilder vor, arrangiert und sortiert Rahmen und Motive. „Oh ja, das ist schön!", trällert sie. Am Ende kaufen sie drei Bilder, für den Anfang. Wie immer legt Vincent ein paar gute Nägel bei. Das Paar hatte schon fiebrig überlegt, ob sie es heute noch zu Obi schaffen würden. Nicht nötig, Glück gehabt!

- Viewme, Sallstraße 35, 30171 Hannover
  www.viewme.design
- ÖPNV: Bus 121, Haltestelle Lutherstraße

DEPRESSO
LEDR

Schönster Sonnenuntergang

33

Beach Bar Strandleben

Am idyllischen Leineufer, wo sich Ihme und Leine leidenschaftlich küssen, wo keine Autoabgase die Lungen reizen und kein Sirenengeheul die Ohren quält – hier, mitten in der Natur, befindet er sich: der perfekte Ort für den perfekten Sonnenuntergang. Und wir haben die besten Liegeplätze, direkt am Ufer, im Strandleben. Die Beach Bar ist an wolkenfreien Tagen wie diesem eine beliebte Sammelstelle für überhitzte Lindener, Familien, Hipster – und alle anderen, die Lust auf gute Getränke, Musik und Strandfeeling haben. In den Händen halten wir eiskalte Limos, unsere Füße schieben wir in den Sand, der so schön kühl ist. Alles andere ist heiß: die Luft, die Körper, der Barmann. Der Hochsommer bringt uns in Hochstimmung. Ein Blick aufs Wasser kühlt in Gedanken, die sanften Wellen beruhigen den Geist, wie eine kleine Meditation. Tiefenentspannt genießen wir diesen Moment, sind ganz bei uns, sind im Hier und Jetzt.

TIPP
Kleine Sandburgen-Architekten können sich im Strandleben kostenlos Kinderspielzeug ausborgen.

Doch plötzlich: ein fieses Fluchen, hunderttausend heulende und jaulende Höllenhunde! Sand fliegt durch die flirrende Luft, paniert unsere Gesichter. Schuld an dem Wirbel ist nicht etwa ein Sandsturm, sondern ein Mädchen. Es ist die kleine Lilly, die tobt und heult, weil ihr Sandkuchen in der Hitze verbrannt ist. Toni ist das völlig egal, er gräbt sich konzentriert weiter Richtung Erdkern, soll seine Schwester doch zetern. Am liebsten würden wir jetzt einfach in den Fluss springen, um uns vom Sand zu befreien. Doch unseren maritimen Logenplatz möchten wir nicht aufgeben, der wäre ratzfatz weg. Also wischen wir uns mit einem Tempo grob den Sand aus den Augen, damit wir gut sehen können, wie die Sonne den blutroten Himmel hinabrutscht und schließlich dramatisch hinter der Dornröschenbrücke versinkt. Der DJ dreht den Bass auf und die Party beginnt. Im Sitzen wippen wir mit den Füßen, der Beat geht direkt ins Herz. Das ist Perfektion, die pure Romantik – einfach nur ein unverfälschter Glücksmoment.

● Strandleben, Weddigenufer 29, 30167 Hannover
www.spandauprojekt.de
● ÖPNV: Stadtbahn 10, Haltestelle Glocksee, Bus 100, 200, Haltestelle Gerberstraße

Dinge, die das Herz begehrt

34 Liebe + Zeug in der List

Ihre Fröhlichkeit macht gute Laune, ihr Lachen steckt sofort an: Julia Heuser ist das sympathische Gesicht hinter Liebe + Zeug, ein süßer Concept Store in der Nähe vom Lister Platz. Die gebürtige Hessin hat sich während ihres Studiums in Hannover verliebt. An der Stadt gefiel ihr die Entspanntheit – und so geht es auch in ihrem Laden entspannt zu. Wir fühlen uns sofort wohl, schließlich sind wir von schönem Zeug umgeben. Während wir uns genau umschauen, empfängt Julia ihre Kunden herzlich und berät sie ausführlich. Ziellos Suchende lässt sie ungestört stöbern. Im Liebe + Zeug gibt es viel zu entdecken, eben die kleinen und großen Dinge, die das Herz begehrt. Hier steht quasi all das, was Julia gefällt und was sie selbst kaufen würde – und auch selbst kauft. Etwa den senfgelben Schal, der ihren Hals wärmt. Julias Sortiment reicht von Tassen bis Seifen über Socken bis zum Sofa. „Hauptsache, schön und praktisch", beschreibt die junge Inhaberin ihr Angebot. Der Fokus liegt auf „Scandinavian Interior Design". Bei der Produktauswahl achtet Julia aber nicht nur auf Schönheit, auch Nachhaltigkeit ist ihr wichtig. Im Sortiment führt sie Fair-Trade-Labels, die in Europa produzieren, und viele kleine Labels aus Hannover und Umland. Im Geschäft ist außerdem immer etwas Platz für ein passendes Pop-up-Konzept, also für einen Laden im Laden. Julia möchte so aufstrebenden Designern eine Bühne geben, deren Produkte normalerweise nicht im Einzelhandel zu finden sind. Das Sortiment soll aber immer erschwinglich bleiben, deshalb legt Julia alles daran, den Spagat zwischen Preis-Leistung und Nachhaltigkeit zu meistern. Und das gelingt.

Julias Kunden sind zwischen 6 und 60 Jahren alt – hier ist also wirklich für jeden etwas dabei. Und es lohnt sich, öfter vorbeizukommen, das Sortiment wechselt ständig. So gibt es immer wieder Neues zu entdecken. Wir fassen zusammen: Das Liebe + Zeug ist der perfekte Laden für alle, die auf der Suche nach einem besonderen Geschenk sind, egal ob für eine Freundin oder für sich selbst.

TIPP
Bei dringenden Geschenke-Notfällen öffnet Julia auch außerhalb der Öffnungszeiten. Einfach anrufen.

- Liebe + Zeug, Edenstraße 48, 30163 Hannover, Tel. (05 11) 72 71 93 21
  www.liebeundzeug.de
- ÖPNV: Stadtbahn 3, 7, 9, Haltestelle Lister Platz

Bier, Brause & bunte Tüten

35

Szenekiosk Onkel Ollis

Die Stadt vertrocknet. Doch während die Balkonblümchen kraftlos ihre Köpfchen hängen lassen, trübt die Affenhitze die Stimmung der Hannoveraner nicht – im Gegenteil. In den Straßen der Nordstadt herrscht südeuropäisches Flair: Die Leute sitzen bis in die späten Abendstunden auf den Außenterrassen der Lokale, klirren mit Gläsern und scheppern mit Besteck. Fehlt eigentlich nur ein bisschen Meer. Weil die Hitze durstig macht, suchen wir den beliebtesten Kiosk im Kiez auf: Onkel Ollis an der Lutherkirche. Der ist seit „morgens um 17 Uhr" geöffnet. Vor dem Laden sitzen zwei, die sich ein Golden Ale aus Hawaii teilen. Das Etikett auf der Flasche ist farbenfroh und das leichte Bier ist herrlich erfrischend. Zu ihnen gesellt sich dann Manni mit seinem Augustiner. Da sitzt er nun und philosophiert versonnen vor sich hin, labert, meckert, poltert und stöhnt. Die Welt sei so schlecht, er will sich heute ein bisschen aufregen: über die Gentrifizierung der Nordstadt, über die steigenden Mietpreise. Nach seinem Monolog geht er rein in den Kiosk, um sich ein neues Bier zu holen. Die zwei nutzen die Chance und schwingen sich aufs Tandem.

TIPP

Onkel Olli braut auch selbst Bier. Das 30167 Pils gibt es natürlich auch in seinem Kiosk zu kaufen.

Onkel Ollis ist kein gewöhnlicher Kiosk. Die Nordstädter und Bierliebhaber schätzen die vielfältige und originelle Auswahl an kühlen Getränken, die kein anderer bietet. Ein Streifzug durch den Kiosk ist auch immer eine Reise um die Welt, hier sind alle klassischen Biernationen vertreten: England, Belgien, Polen, Tschechien und andere. Regelmäßig reist Onkel Olli durch die Welt, auf der Suche nach neuen Bieren, die er in seinem Kult-Kiosk anbieten kann. Es gibt etwa das belgische Kirschbier „Lindemans Kriek", das auch Leuten schmeckt, die eigentlich kein Bier mögen. Ansonsten stehen neben den 200 Biersorten auch zahlreiche Brausen in den Kühlschränken bereit. Für Naschkatzen gibt es außerdem bunte Tüten, die lässig von der Decke baumeln und gefüllt sind mit Lakritzschnecken, Schlümpfen und sauren Schnüren.

- Onkel Ollis Kiosk, An der Lutherkirche 10, 30167 Hannover, Tel. (05 11) 21 90 81 75
- ÖPNV: Stadtbahn 6, 11, Haltestelle Kopernikusstraße

Onkel Olli's Kiosk
BIER + BRAUSE TRINKEN:
FETZT UND
BRINGT ANERKENNUNG
IN DER GRUPPE!
Anno 2009
FCK AFD
30167
PASSE PAR TOUT

Immer Frühling

36

Café Corner am Schmuckplatz

Wenn der eisige Wind durch die Straßen pfeift, soll das niemanden stören: Im Corner am Schmuckplatz ist das ganze Jahr lang Frühling, in jeder Ecke. Auf der Theke und den Tischen stehen bunte Schnittblumen: Ranunkeln, Eukalyptus, Craspedia. Die florale Gestaltung fällt sofort ins Auge, das stilvolle Eckcafé könnte auch ein kleiner Showroom des Lieblingsblumenladens sein. In Wirklichkeit bindet Corner-Inhaber Pasan Milisic die Sträuße selbst – in dem Gastronom schlummert wahrlich ein Florist. Ist es draußen noch so grau, im Corner ist es immer hell, bunt und freundlich. Die zart-mintgrünen Wände komplettieren den frühlingshaften Look. Von der Decke baumeln übergroße Vintage-Glühlampen an goldenen Pendeln, spanische Ornamentfliesen zieren die Theke. Alles ist wunderschön, wir möchten hier sofort einziehen, den ganzen Tag lang nur Kuchen essen und nie wieder woanders sein. Die beiden am Nebentisch hingegen müssen gleich weiter, ihr Baby hat schon sein Jäckchen mit den rosa Öhrchen an und wird langsam hibbelig. Doch die beiden quatschen und quatschen, fühlen sich einfach zu wohl. Ein kurzes Kreischen hilft, die Eltern erinnern sich an ihr Baby. Sie trinken den letzten Schluck ihres Kurkuma Latte aus, dann geht es endlich raus, denn heute ist Markttag. Freitags bauen die Bauern aus der Region ihre Stände direkt vor dem Corner auf, verkaufen hier Äpfel, Birnen und Kartoffeln.

TIPP

Das Corner hat free Wi-Fi – für alle, die ihr Essen sofort posten wollen. #cornerhannover

Die Familie geht und unsere Bestellung kommt. Die gut gelaunte Bedienung trägt das Mittagessen und die Getränke herbei. In der hausgemachten Kräuterlimonade steckt ein Thymianzweig und ein Trinkhalm aus Glas. Wir sind beeindruckt, es geht also auch ohne Plastik und mit Stil. Vor uns stehen außerdem eine dampfende Kürbissuppe und eine köstlich angerichtete Brotzeit: großzügig portioniertes Vitalbrot mit knackiger Kruste, belegt mit Rote-Bete-Ziegenfrischkäse, Avocado und Spiegelei. Das alles ist hübsch angerichtet – und perfekt für #foodporn auf Instagram. Schüchtern scheint die Sonne ins Corner hinein.

● Corner, Velberstraße 10, 30451 Hannover, Tel. (05 11) 59 20 06 23
www.cornerhannover.de
● ÖPNV: Stadtbahn 10, Bus 700, Haltestelle Leinaustraße

Schick statt verspielt

37 Café und Bar List:ich

Das ganze Spielzeug ist weg. Die Bauklötze, die Plüschtiere, die Spielküche. Dafür stehen jetzt hübsche Lilien auf den Tischen und stylische Pendelleuchten hängen von den Decken. Das ehemalige Familiencafé Rockzipfel ist erwachsen geworden und heißt nun List:ich. Geblieben ist Sabine Stockmann, die das Café zusammen mit ihrem Partner Janitra mit viel Herzblut und Elan betreibt. Nach sieben schönen Jahren war es an der Zeit für eine große Veränderung: Sabine entschied, das beliebte Rockzipfel zu schließen und einen radikalen Neustart zu wagen. Der ist zum Glück gelungen, das List:ich ist nach kurzer Renovierung ein geschmackvoller Ort geworden, der durchaus als Bar durchgehen könnte. Wer Gin Tonic oder Caffè Latte gern für Instagram ablichtet, erfreut sich an den dunkelblauen Wänden und den Grünpflanzen, die von der Decke herabhängen. Sie bilden die perfekte Kulisse für die Instastory – und für einen lockeren Nachmittag mit Freunden.

TIPP
Die schicken Prints an den Wänden sind bei Viewme (siehe Seite 70) zu erwerben.

Das List:ich ist nicht weit von der Lister Meile entfernt an der charmanten Körtingstraße gelegen, mit Blick auf die hübschen Altbauwohnungen. Hungrige Flaneure müssen also nicht lange leiden, wenn der Magen knurrt oder die Lust auf Süßes die Gedanken bestimmt. Auf der kleinen, aber feinen Karte finden sich ausgewählte Speisen, die frisch zubereitet werden. Auf den Tischen duften dampfende Ravioli und krosse Flammkuchen. Zum Nachtisch gibt es noch ein ordentliches Stück Schokokuchen und einen Flat White.
Im heißen Sommer lässt es sich im Schatten der Bäume vor dem Café gut aushalten. Dazu einen kühlen Wassermelonensmoothie schlürfen, entspannen und die Gedanken schweifen lassen, während Radfahrer an den Tischen vorbeiradeln.
Die kleine Emma vermisst zwar die Spielecke im Café. Doch sie weiß sich zu helfen und bringt einfach ihre eigenen Bauklötze mit.

● List:ich, In der Steinriede 9, 30161 Hannover, Tel. (05 11) 31 04 87 73
● ÖPNV: Bus 134, Haltestelle Flüggestraße

Das beruhigende Rauschen

38

Leineinsel in Döhren

Es ist schon ein schönes Getöse an der Wollewehr. Das Wasser der Leine wirbelt über eine Staustufe – und es rauscht, rauscht und rauscht. Die beste Sicht auf das Wehr hat man von einer Art Balkon aus, direkt an der Straße. Bäume spenden hier etwas Schatten und laden ein, mit geschlossenen Augen und hochgekrempelten Ärmeln etwas zu dösen. Wenn die Sonne zaghaft durch die Wolken scheint, sich der Frühling tapfer zurückkämpft und den Winter, die Kälte, die Dunkelheit verdrängt. Unten am Wasser toben ein paar Kinder – sie sind längst im Sommermodus. Am liebsten würden sie ins kalte Nass springen, aber das erlauben die Eltern noch nicht, die am Ufer im Gras sitzen und den Kleinen bei ihren zaghaften Mutproben zuschauen.

Spätestens im Sommer liegen die Sonnenanbeter auf ihren Handtüchern am Leineufer. Oder sie betten sich auf mitgebrachte Liegen – die Bewohner der Leineinsel haben es ja nicht weit. Diese Glücklichen. Radfahrer machen derweil eine kleine Pause am Wehr, lauschen dem beruhigenden Rauschen und essen einen Müsliriegel. Entspannt schauen sie auf das Wasser und entdecken einen kleinen Biber, der gemächlich durchs Wasser gleitet. Die recht scheuen Nagetiere sind an (und in) der Leine heimisch geworden, sie fühlen sich hier richtig wohl.

TIPP
Auf der Leineinsel steht auch der denkmalgeschützte Uhrturm der ehemaligen Döhrener Wollwäscherei.

Früher gab es übrigens noch eine andere Leineinsel, das eng bebaute „Klein-Venedig“ in der Altstadt. Nach dem Krieg jedoch fiel die Flussinsel dem radikalen Gestaltungswillen der Stadtplaner zum Opfer. Heute bietet Döhren mit seiner Insel einen schönen Ort zum Verweilen, eine kleine Oase, die Jogger, Radfahrer und Gassigeher gleichermaßen lieben. Ein kleines Schild mahnt aber, dass Hunde „an der Leine zu führen“ sind. Was lustig ist, denn neben dem Weg fließt, genau: die Leine. Wer dem Fluss folgt und sich von der Leineinsel entfernt, kann lange Spaziergänge im Grünen unternehmen. Es öffnet sich die Natur, es duftet nach Erde und Holz. Im Hintergrund rauscht das Wasser.

- Leineinsel Döhren, Am Leinewehr, 30519 Hannover
- ÖPNV: Bus 363, 366, Haltestelle Brückstraße

Herzrasen & Adrenalinrausch

39 GOP-Varieté Hannover

Hier wird gelacht, gesungen, getanzt und euphorisch geklatscht: Das GOP-Varieté am Kröpcke ist ein Ort des Humors, der Verzauberung und des Staunens. Etwa dann, wenn sich die zierliche Tänzerin in der Luft nur mit den Zehen an einem Ring festhält oder wenn der Jongleur mit gefährlichen Flammen hantiert. Auch das eng umschlungene Tanzpaar zieht das Publikum mit seiner dramatischen Romantik sofort in den Bann.

Wir sitzen ganz vorne in der ersten Reihe und fiebern aufgeregt mit. Das Adrenalin rauscht durch unsere Adern – ein gutes Gefühl. Wir lieben den Nervenkitzel im Wind der Akrobaten, den sie mit ihren Flickflacks, doppelten Saltos und Pirouetten erzeugen. Wir sehen, wie sich die definierten Muskeln in den Armen anspannen. So nah wie hier ist man den Profis selten.

Auf der Bühne wird es ruhiger, als eine Sängerin im Abendkleid ihren großen Auftritt hat. Ein Pianist begleitet sie mit leisen Tönen. Kurze Verschnaufpause für uns – genüsslich beißen wir in den Avocado-Wrap. Während der Vorstellung gibt es leckeres Fingerfood, lieber ohne Besteck, um störendes Geklimper zu vermeiden. Die leckeren Snacks kommen aus der Küche des Restaurants Gondel, das sich direkt unter der Bühne befindet. Wer das volle kulinarische Angebot auskosten möchte, kann Menü und Show auch kombinieren. Die Kellner servieren das Essen vor der Darbietung direkt am Platz.

Langweilig wird es im GOP nie: Alle zwei Monate wechselt das liebevoll und aufwendig inszenierte Showprogramm. Neben aufregenden Akrobatikshows gibt es charmante Comedy, zauberhafte Magie und sogar ein Programm nur für Kinder. Übrigens: Das Varieté in Hannover war das erste GOP Deutschlands, benannt wurde es nach dem Georgspalast, der bis heute Akrobaten eine Bühne bietet. Regelmäßig stehen international bekannte Artisten auf diesen Brettern, aber auch Newcomer starten von hier aus ihre Weltkarriere. Und was für ein überwältigendes Gefühl das sein muss, wenn das Publikum mit stockendem Atem die Show genießt und dann der Applaus aufbrandet.

- GOP Varieté Hannover, Georgstraße 36, 30159 Hannover, Tel. (05 11) 30 18 67 10
www.variete.de/hannover
- ÖPNV: Stadtbahn 1–9, 11, Haltestelle Kröpcke

Wunder gibt es immer wieder

40

Oben auf dem Lindener Berg

Er ragt 89 Meter in die Luft: der Lindener Berg. Aber soll dieser Hügel tatsächlich ein Berg sein, das mögen sich nicht nur Hobbyalpinisten fragen. Aber sicher doch, findet jedenfalls der dort ansässige Kleingärtnerverein und nennt eine Kolonie ganz frech „Lindener Alpen". Und klar, dieser Berg fällt im norddeutschen Flachland durchaus auf und so mancher Radfahrer kommt beim Erklimmen der Anhöhe ordentlich ins Schwitzen. Ob nun ernster Alpen-Konkurrent oder purer Größenwahn: Die Hannoveraner lieben ihren Lindener Berg. An schönen Sonntagen vertreten sich die Stadtbewohner hier die Beine und streunen über den stillgelegten Bergfriedhof. Im Frühjahr ist der Lindener Berg plötzlich ganz blau: Es blühen dann in herrlicher Pracht die unzähligen Glöckchen des sibirischen Blausterns (Scilla siberica). Das „blaue Wunder" lockt jedes Jahr Tausende Besucher an und gibt Anlass für das Scillablütenfest. Livemusik, Ausstellungen und Vorträge sorgen für unterhaltsame Stunden.

TIPP

Einen Blick ins Weltall ermöglicht die Volkssternwarte vom Dach des Wasserhochbehälters. Faszinierend!

Wenn der Magen wütend knurrt, geht es weiter zum Lindener Turm. Der charmante Biergarten hat sein Zuhause in einem ehemaligen Landwehrturm gefunden. Gutes Wetter erlaubt von dort eine weite Sicht: Am Horizont zeichnet sich der 15 Kilometer entfernte Deister ab, den man schon eher als Berg bezeichnen kann. Unten im Schatten der Kastanien und Linden entspannen Spaziergänger bei zwei, drei Gläsern „Lindener Turmwein". Ihnen ist völlig egal, ob der Lindener Berg nun ein echter Berg ist oder nicht. Und wenn sich der Tag langsam seinem Ende entgegenneigt, das Sonnenlicht verschwindet – für Abendprogramm ist hier oben ebenfalls gesorgt: Wer gute Musik zu schätzen weiß, findet im Jazz Club Hannover sein kleines Glück. Der intime Club auf dem Lindener Berg ist längst Kult und weit über die Stadtgrenzen bekannt: So manche Jazzlegende gab sich hier bereits ein Stelldichein. Seit 1979 ist der verwinkelte Club sogar „Ehrenbürger" der Stadt New Orleans – eine große Ehre für Hannovers Herzkammer des Jazz auf dem kleinen Lindener Berg.

● Lindener Berg, Am Lindener Berge, 30449 Hannover
www.quartier-ev.de
● ÖPNV: Bus 100, Haltestelle Zur Sternwarte

Paradies für Kuchenliebhaber

41

Café Yunana in Döhren

Zugegeben: Döhren ist kein kulinarischer Hotspot wie Linden, aber doch einen Besuch wert. Denn nicht weit vom Fiedelerplatz entfernt liegt das gemütliche Café Yunana. An diesem freundlichen Ort bekommen Kuchenliebhaber das, was sie wollen, was sie brauchen, was sie lieben: Das Yunana ist stadtbekannt für seine riesige Auswahl an selbstgebackenen Kuchen. Die Entscheidung vor dem Tresen fällt da schwer, was soll es denn heute sein? Schoko-Whiskey-Torte oder Matcha-Himbeermousse-Torte? Oder doch ein Stück Engadiner Nusstorte? Eines ist immerhin sicher: Falsch entscheiden kann man sich hier nicht, alles ist lecker. Wir hören schließlich auf unser Bauchgefühl und wählen Brownie und Heidelbeer-Tarte aus.

An warmen Tagen sitzen die Gäste gern vor dem Café und genießen die sonnige Ruhe. Zwar liegt das Yunana gut erreichbar an der Straße und nicht weit von der Stadtbahnhaltestelle entfernt. Doch viel los ist hier selten, Döhren bleibt beschaulich. Ist es draußen zu nass, zu kalt, zu windig, ist es im Inneren des Cafés so gemütlich, dass die Zeit bitte stehen bleiben soll. Wir machen es uns an einem Fensterplatz bequem, direkt unter den bunten Pompons, die von der Decke baumeln. „Shabby Chic"-Regale voller Wohnaccessoires und weiße Sitzmöbel mit weichen Rosen-Kissen: Es ist ein Ort für Freundinnen (um ihr Startup zu planen), eine Location für den Sonntagsbrunch mit Mama (die noch Zweifel am Businessplan anmeldet). In das familienfreundliche Café kehren gern auch junge Eltern mit ihren Sprösslingen ein, die dann quietschvergnügt Mandalas ausmalen und den Schokokuchen im ganzen Gesicht verteilen. Nach dem süßen Genuss von Kaffee und Kuchen lädt das beschauliche Döhren zu einem Verdauungsspaziergang ein. Zu entdecken gibt es hier hübsche Gründerzeithäuser, kleine Geschäfte und die alte St.-Petri-Kirche aus dem 14. Jahrhundert. Die Natur ist auch nicht weit weg, zur Leine und den saftigen Auen- und Wiesenlandschaften sind es nur wenige Gehminuten.

TIPP

Auf Anfrage zaubert das Yunana ganz persönliche Torten für Geburtstage oder Hochzeiten.

- Café Yunana, Fiedelerstraße 13, 30519 Hannover, Tel. (05 11) 65 58 75 78
- ÖPNV: Stadtbahn 1, 2, 8, Haltestelle Fiedelerstraße

Fotogene Gartenpracht

42

Berggarten in Herrenhausen

Da geraten Gartenfans ins Staunen: Was für einen grandiosen Anblick die botanische Vielfalt bietet! Mehr als 12.000 Pflanzenarten sind im Berggarten in Herrenhausen beheimatet, exotische Trockengewächse, knallbunte Gartenblumen und düstere Moorpflanzen. Ob die Dame im Kassenhäuschen die alle persönlich kennt? Wir jedenfalls sind ziemlich ahnungslos, regelrechte Banausen – für uns sind das alles nur Blumen oder Pflanzen oder Büsche. Doch das macht nichts, wir sind hier, um zu lernen und uns verzaubern zu lassen von den bunten Gewächsen.

Es ist Spätherbst, viele Pflanzenfans haben den Weg in den Berggarten gefunden. Schwere Kameras baumeln an Schultern, bestückt mit Makroobjektiven, um die Blütenpracht ganz nah vor die Linse zu bekommen. Es ist die beste Zeit, um zu fotografieren, denn das warme Licht flutet den gesamten Garten. Ein älterer Blumenenthusiast möchte an diesem Tag die zwölf Motive für seinen floralen Jahreskalender komplettieren. Gedacht ist er als Weihnachtsgeschenk für die liebe Familie – die werden Augen machen! Zahlreiche Schauhäuser mit fremden Klimazonen gibt es zu entdecken, zum Beispiel den bizarr-schönen Wüstengarten. Wer Kakteen bislang nur von vertrockneten Fensterbänken kennt, wird hier große Augen machen: Sukkulenten breiten sich wie Teppiche über Lavagestein aus, Agaven strecken ihre spitzen Blätter aufrecht in die Luft. Ähnlich heiß, aber viel feuchter ist die Luft in der Orchideenausstellung, die übrigens zu den größten in Europa zählt. Die grazilen Pflänzchen sind wegen ihrer bunten Farbenpracht natürlich ein beliebtes Fotomotiv. Die 800 verschiedenen Orchideenarten bieten dann auch genügend Futter für einen ganzen Orchideenkalender. Auch das wäre ein tolles Geschenk für das nächste Jahr. Im Präriegarten geht es wilder zu, hier gibt es keine Ordnung, die Wildblumen wachsen kreuz und quer und hoch hinaus. Um ihre gelben und pinken Blüten schwirren hungrige Bienen auf der Suche nach Nektar. Die flauschige Biene auf der Blüte ist definitiv das Mai-Motiv.

TIPP

Picknickkorb in der Schlossküche gegenüber packen lassen und mit in den Berggarten nehmen.

● Berggarten Hannover, Herrenhäuser Straße 4, 30419 Hannover
www.hannover.de/Herrenhausen/Herrenhäuser-Gärten/Berggarten
● ÖPNV: Stadtbahn 4, 5, Haltestelle Herrenhäuser Gärten

Echt nett hier!

43

Be nice in der Nordstadt

In der Nordstadt gibt es einen besonderen Glücksort für vegane Genießerinnen und Genießer: das Be nice neben Onkel Ollis Kultkiosk. Die blaue Hausfassade fällt sofort ins Auge und ist deshalb nicht zu verfehlen. Dorthin zieht es uns an diesem Sonntag, an dem schon den ganzen Vormittag Regen droht. Umso gemütlicher wirkt das Bistro-Café, als wir uns an einen rustikalen Holztisch setzen, an dem auch noch ein paar Freunde Platz finden würden. Kerzen brennen, Flammen flackern, in der Ecke döst ein Hund. Es duftet nach den Blumen, die auf dem Tisch stehen und Frühlingsgefühle wecken. Dieser Ort ist wie ein zweites Wohnzimmer.

Nun möchte Bérénice Hiemann unsere Wünsche hören, ihr gehört das Be nice. Sie fand, dass in Hannover ein netter Wohlfühlort für Veganer und Veganerinnen fehlte – und schuf ihn einfach selbst. Seit 2019 serviert sie ihren Gästen vegane Bowls, vegane Baguettes, veganes Frühstück und viele vegane Köstlichkeiten mehr. Die Angebote wechseln wöchentlich – öde wird es also nie. Alle Saucen, Dips und Chutneys sind hausgemacht und zeugen von kulinarischer Experimentierfreude. Bérénice und ihr Team wollen mit ihren Kreationen auch beweisen, wie vielseitig veganes Essen sein kann. Ein Beweis, der ihnen Tag für Tag gelingt.

TIPP

Unbedingt Vegami, Vetakäse und CamemVert auf knusprigem Baguette probieren – lecker, lecker!

Während draußen die Wolken plötzlich alle Hemmungen und viel Regen fallen lassen, verspeisen wir zuerst knusprige Baguettes mit fruchtiger Tomatenbutter. Eine echte Besonderheit ist die hausgemachte „Vegami“, eine gut gewürzte Salami-Interpretation, die es auch am Stück zu kaufen gibt. Danach ist die Zeit reif für einen Cappuccino mit Hafermilch, dazu ein Stück Möhre-Mandel-Kuchen und ein Stück Kirsch-Sahnetorte mit Vollkorndinkel. Wer doch lieber daheim isst oder Wegzehrung braucht, kann die Speisen auch mitnehmen. Dem Olli nebenan bringt Bérénice die wärmende Suppe heute aber persönlich rüber. Richtig nett von ihr.

- Be nice – Vegan Food, Rehbockstraße 1, 30167 Hannover, Tel. (05 11) 12 27 11 55 www.benice-online.de
- ÖPNV: Stadtbahn 6, 11, Haltestelle Kopernikusstraße

Be nice
VEGAN FOOD

Style im Superlativ

44

Im Super Nice

Super Atmosphäre, super Laune – super nice: Im Eckladen an der Sallstraße ist alles hell und schön und stylisch. Durch die großen Fensterfronten fällt das Licht auf flauschige Wolldecken, dünne Kerzen und auf die vielen feinen Dekoelemente, die eine Wohnung erst so richtig gemütlich machen. Am liebsten würden wir gleich alles erwerben: Die liebevollen Arrangements machen akute Lust, endlich den dunklen Flur aufzuhübschen oder das Schlafzimmer komplett umzugestalten. Das Super Nice ist wahrlich super nett, ebenso die Ladeninhaberin Birte Markert. Sie verkauft in ihrem Geschäft ausschließlich Dinge, die sie selbst „super nice" findet. Die Kunden können sich auf ihren Geschmack verlassen – und sollten regelmäßig wiederkommen: Zwischen den Müslischalen, Körben und Notizblöcken ist immer wieder Neues zu entdecken. Auch so manches Möbelstück kann man hier erwerben, zum Beispiel diesen kleinen Holztisch mit den zarten, schwarzen Beinen. Wie hübsch der vor unserem Sofa aussehen würde. Und die hellblaue Vase passt perfekt dazu, die nehmen wir auch mit. Oh, und es gibt auch noch einen passenden Kerzenhalter in knalligem Rot! Das Wohnzimmer hätte wirklich einen Farbtupfer nötig.

TIPP

Nach dem Einkauf im Super Nice unbedingt einen Abstecher zu Viewme nebenan machen.

Wer nicht nur seiner Altbauwohnung, sondern auch dem eigenen Aussehen einen neuen Anstrich verpassen möchte, wird im Super Nice ebenfalls glücklich. An einem Kupferrohr hängen ausgesuchte Kleidungsstücke von kleinen Labels, allesamt schön schlicht und schick. Anprobieren können die Kundinnen die Shirts und Röcke natürlich auch, Birte berät gern und stilsicher. In der Weihnachtszeit sind im Super Nice dann die schönsten Accessoires zu finden: zarte Baumanhänger, minimalistische Adventskränze und bauchige Kuschelkissen wecken selbst bei Weihnachtsmuffeln wohlige Gefühle. Für Abwechslung sorgen regelmäßig Events, die Super-Nice-Birte über ihre Social-Media-Kanäle ankündigt. Bei „Super Delicious" etwa gibt's leckeres Fingerfood und Musik in entspannter Shoppingatmosphäre. Super schön.

- Super Nice, Sallstraße 31, 30171 Hannover
- ÖPNV: Bus 121, Haltestelle Lutherstraße

Faul im Sonnenlicht

45

Welfenschloss und Welfengarten

In der Nordstadt, da steht ein Schloss, und jeder darf es betreten. Links und rechts bewachen zwar Löwen den Eingang, aber die sind ganz brav und bewegen sich keinen Millimeter. Liegen nur faul in der Sonne, die beiden Viecher, und murmeln: „Ihr arbeitet ja doch nicht." Schnell also die Freitreppe hochgelaufen und hereinspaziert ins Welfenschloss. Wir werden vom luftigen Lichthof empfangen, in dem im Oktober wieder die Erstis begrüßt werden. Die Welfen haben nämlich nie im Schloss gelebt – stattdessen zog 1879 die Uni ein. An der Nordseite schlüpfen wir durch den Hinterausgang wieder raus ins Freie. Zu unseren Füßen breitet sich der Welfengarten aus: Auf den großen Liegewiesen lümmeln Faulenzer, entspannen Studenten, dösen Eltern. Verschlafene Gesichter wenden sich dem Licht entgegen, alle genießen diesen schönen Tag im Spätsommer.

Viele Jahre wurde der Welfengarten vernachlässigt, ehe die Uni die überfällige Umgestaltung veranlasste. Die neu gebauten Sitzelemente aus weißem Hartplastik gaben allerdings Anlass für Beschwerden, nicht jeder fand sie schön. Die Nordstadtbewohner, die laut einer Tageszeitung „zuweilen sehr eigenwillig-anarchisch" sein können, murrten und grummelten – aber jetzt stehen die Dinger nun mal da. Dank ihnen bleiben Kleid und Hose immerhin von Grasflecken verschont. Außerdem habe es doch an Sitzmöglichkeiten gefehlt, argumentierte der Uni-Präsident Volker Epping bei einer Bürgerdiskussion. Wie dem auch sei, der Welfengarten erwachte aus seinem Schlaf und ist nun eine wahre Schönheit. Die alten Bäume spiegeln sich im Teich, die Buchen, Kastanien und Eichen. Auf der hübschen Lavesbrücke starrt ein junges Elternpaar schweigend ins Grüne, während ihr Kleinkind ein Plüschtier zu verspeisen versucht. Ihr Ziel wird der Spielplatz sein, der sich in Richtung Schneiderberg befindet. Uns ist eher nach Faulenzen im Schatten der Bäume. Da wird wohl niemand was dagegen haben.

TIPP

Nicht weit vom Welfengarten entfernt befindet sich der alte Jüdische Friedhof auf einem Dünenhügel.

- Welfengarten, Welfengarten 1, 30167 Hannover
- ÖPNV: Stadtbahn 4, 5, Haltestelle Leibniz Universität

Mehr Wissen wissen

46 Landesmuseum Hannover

Wie eine Statue steht er da. Bewegungslos, seit Minuten schon. Der kleine Junge staunt mit leuchtenden Augen vor der Scheibe. Was neben ihm passiert, kriegt er nicht mit, für den Jungen gibt es nur ihn: den Roten Franz. Die matt beleuchtete Moorleiche im Landesmuseum ist ein Besuchermagnet. Gefunden wurde sie im Sommer 1900 im Bourtanger Moor. Mit seinem schwarzen Schädel und den roten Haaren sieht Franz schon gruselig aus. Genau das macht den Reiz aus – der Junge will seinen Blick nicht lösen. Ein morbider Glücksort also? Ein bisschen, aber das Landesmuseum bietet viel mehr: exotisches Getier, glotzende Piranhas, viele Fossilien und Steine. Also weiter, die Eltern tragen den Mumien-Fan einfach weg. Ein schüchternes Mädchen, das geduldig hinter dem Jungen wartete, tritt an die Scheibe. Der Rote Franz fasziniert auch sie.

TIPP

Die Museumscard gewährt Zugang zu allen großen Museen der Stadt. Einmal zahlen, ein Jahr Wissen tanken.

Das Landesmuseum stillt mit drei Welten den Wissensdurst von Jung und Alt. In den „Naturwelten" schwimmen Fische durch die Aquarien und latschen Reptilien durch Terrarien – insgesamt mehr als 3000 Tiere sind hier zu entdecken. In den „Menschenwelten" stehen in Dioramen kleine Steinzeitmenschen, die in Miniaturlandschaften das Feuer entdecken. Hier können Eltern mal zeigen, was sie alles wissen und ihren Kindern die Welt erklären. Fragen gibt es schließlich viele: Wo sind die Dinosaurier hin? Wen und was haben die gefressen? Und wie kam der Rote Franz eigentlich ins Moor?

Erwachsene, die eine Auszeit brauchen, verschwinden ins Obergeschoss, wo in den „Kunstwelten" große Kunst hängt. Die Gemälde und Skulpturen finden Kinder nicht so faszinierend wie eine alte Moorleiche, eine flauschige Vogelspinne oder einen riesigen T-Rex-Schädel. Zwischen den Kunstwerken ist es deshalb nicht so wuselig und trubelig. Der Mumien-Junge von vorhin hat aber auch hier etwas Spannendes entdeckt: Auf dem einen Gemälde ist ein Mann zu sehen – ohne Kopf. Der liegt daneben, auf dem Boden. Abgeschlagen. „Guck mal, Mama", ruft er aufgeregt, „sein Kopf ist ab!" Wieder dieses Leuchten in den Augen

- Landesmuseum Hannover, Willy-Brandt-Allee 5, 30169 Hannover, Tel. (05 11) 98 07-6 86, www.landesmuseum-hannover.de
- ÖPNV: Stadtbahn 1, 2, 4–6, 8, 11, Haltestelle Aegidientorplatz, Bus 100, 200, Haltestelle Maschsee/Sprengel Museum

Stressfrei in der Kobra

47

In der Yogawerkstatt

Das ist sie also, die Leichtigkeit des Seins. Nach einem Kurs in der Yogawerkstatt fühlen wir uns wie nach einem Kurzurlaub: entspannt, entstresst, entschleunigt. Der Besuch ist von der ersten Minute an Balsam für die Seele. Nichts lenkt unnötig ab, die Gestaltung der modernen Räumlichkeiten ist auf das Wesentliche reduziert. Kein visueller Stress weit und breit. Vorn auf dem Tisch wartet bereits ein kleiner Buddha im Schneidersitz auf uns. Neben ihm flackern die Kerzen. Die Luft ist warm und duftet nach Räucherstäbchen, die ruhig vor sich hin qualmen. Wir rollen unsere Yogamatten aus und kommen an. Einatmen. Kein Gequassel, keine Hektik. Ausatmen. Jeder ist für sich hier, um Ruhe zu finden, um für 90 Minuten den Job, den überfälligen Abwasch und den Instagram-Stream zu vergessen. Um dem Körper mal etwas Gutes zu tun. Abzuschalten. Eins zu sein mit dem Nichts. Einfach auszuharren im „herabschauenden Hund".

Yoga ist die perfekte Verbindung zwischen Sport und Entspannung, erklärt Mel, die uns heute durch die Stunde begleitet. In der Yogawerkstatt sind alle willkommen, egal ob ungelenkiger Anfänger, Wiedereinsteiger oder Profi-Yogi, der sanft durchs Leben schwebt. Im Kursplan sind die unterschiedlichen Level gekennzeichnet. So brauchen sich Neulinge nicht zu fürchten, dass sie minutenlang im Kopfstand verweilen müssen. Mit dem Besuch in der Yogawerkstatt entstehen keine Verpflichtungen: Neben der regulären Mitgliedschaft gibt es verschiedene Einzelkarten für alle, die sich nicht binden oder nur ab und zu in den Yoga-Genuss kommen möchten. Yogamatten stehen zur Verfügung, doch die meisten Yogis bringen natürlich ihre eigenen Matten mit – ihren eigenen kleinen Tempel. Für alle, die mehr wollen, gibt es zusätzliche Workshops: vom mehrstündigen Einsteigerkurs bis zum Mami-Baby-Yoga. Doch es heißt schnell sein, denn die Workshops sind heiß begehrt. Entspannen kann man ja dann im Kurs. *Namaste!*

TIPP

Mit einem Geschenkgutschein lässt sich entspannende Yogazeit an gestresste Menschen verschenken.

- Yogawerkstatt, Wredestraße 6, 30173 Hannover
www.ywh.de
- ÖPNV: Bus 121, Haltestelle Heinrich-Heine-Straße

Frühstück mit Diven

48 Das unkonventionelle Café Konrad

„And I am a material girl“, singt Madonna, als sich die Tür öffnet und Dietmar Engel die Gäste begrüßt, die hereinkommen. Extra herzlich und mit einem breiten Grinsen. Das Café Konrad ist einfach ein fröhlicher Ort, ein süßer Glücksort mitten in der Altstadt. Auf zwei Etagen in einem schnuckeligen Fachwerkhaus untergebracht, ist das Café auch der perfekte Startpunkt für eine ausgedehnte Shoppingtour. Und an warmen Tagen, wenn vor dem Café die Tische und Stühle stehen, kann man hier ausgiebig die Passanten beobachten, ein bisschen klönen oder süßen Hunden und Hintern hinterherschauen.
In der Innenstadt sind inhabergeführte und charmante Cafés leider rar. Deshalb ist es ein großes Glück, dass es das Konrad gibt – und das schon seit 20 Jahren. Dietmar führt das Café seit 2004. Es sei seine große Liebe, hat er der Zeitung erzählt. Nicht selten sieht man ihn von Tisch zu Tisch laufen und mit den Gästen plaudern. Dann drehen sich plötzlich alle zu uns um, denn unsere Mägen knurren laut. Höchste Zeit fürs zweite Frühstück! Zum Glück bietet die Karte eine divenhafte Auswahl: „Édith Piaf“ etwa bringt Croissant, Baguette, Konfitüre und Obst, „Barbra Streisand“ hält Sesambagel und Erdnusscreme bereit. Die „Weather Girls“ teilen sich Gäste lieber zu zweit, denn diese Variante ist üppig. Extremlangschläfer, die entspannt in den Tag kriechen, haben Glück: Frühstück serviert das Konrad bis 16 Uhr. Danach schmecken zum Kaffee (oder zum Lumumba) die saftigen Kuchen und Torten, die allesamt selbst gebacken und köstlich sind.
Auf der Kuchentheke bewacht ein Plüschteddy in Polizei-Lederjacke die süßen Speisen. In seinem Kragen steckt eine bunte Regenbogenfahne. Draußen an der Fassade hängt ein Schild: „Liebespaare bitte hier küssen.“ Männer knutschen Männer, Frauen knutschen Frauen – das Konrad ist wohl das schwulenfreundlichste Café in der Stadt. Heteros sind natürlich auch willkommen. Im Café Konrad dürfen alle so sein, wie sie sein möchten, egal ob Material Girl, Dramaqueen, Sugardaddy oder Spießer im Pullunder.

● Café Konrad, Knochenhauerstraße 34, 30159 Hannover, Tel. (05 11) 32 36 66
● ÖPNV: Stadtbahn 3, 7, 9, Haltestelle Markthalle/Landtag

IGLOO
Hanuta 1,10 €
Nappo 0,40 €
Ritter Sport 0,50 €

Die grüne Lunge Hannovers

49

Stadtwald Eilenriede

Diese Luft, dieser Duft: Kaum ein Ort ist besser zum Joggen und Radfahren geeignet als die sattgrüne Eilenriede, Hannovers großer Stadtwald – angeblich sogar der größte in Europa. Mitten im Herzen der Leinestadt gelegen, ist aus fast jedem Stadtteil der Zugang zum Wald möglich. So lässt sich die List von der Südstadt aus durch die Eilenriede erreichen – zwar ist das ein kleiner Umweg, aber ein sehr schöner. Bäume links und rechts, manchmal huscht ein scheues Tierchen durchs Gebüsch. Ein Hase, ein Fuchs? Gar ein Wolf? Ein verloren gegangener Dackel?

Während die Autofahrer im Stau stehen, fahren die Radler vergnügt durch die Eilenriede, überholen die Läufer, die Reiter auf ihren hohen Rössern sowie die Spaziergänger mit ihren Hunden, die alles gewissenhaft beschnuppern, was die Natur so zu bieten hat. Einige der Hauptwege durch die Eilenriede sind großzügig asphaltiert. Andere Wege und Pfade, die verschlungener durch den Wald führen, sind es nicht. Hier lässt sich das neu erworbene Schuhwerk für die nächste große Wanderung im Harz einlaufen. In der Eilenriede gibt es immerhin ein 80 Kilometer langes Wanderwegenetz (und fast 500 Sitzbänke). Steigungen aber gibt es im schönen Stadtwald freilich nicht – Hannover ist einfach zu flach. Dieser Umstand erfreut so manchen Radfahrer, der keine Luft für allzu große Anstrengungen hat.

TIPP

In der Eilenriede befinden sich elf „Hörstationen" – der Stadtwald hat einiges zu erzählen.

Eine kleine Herausforderung ist da schon die gebogene „Schneckenbrücke", die über die innerstädtische Schnellstraße führt und den geteilten Wald verbindet. Kein Schild mahnt Radfahrer zum Absteigen, also rauschen sie geschwind über die Brücke und winken fröhlich den Autofahrern zu, die sich unter ihnen durch den Berufsverkehr quälen. Eine kleine Schnecke aus Bronze erinnert am Kopf der Brücke übrigens an deren lange Planungs- und Bauzeit: Ganze 13 Jahre dauerte es, bis der Keksfabrikant Klaus Bahlsen die von ihm gespendete Brücke einweihen konnte. Egal, Zeit ist schließlich relativ und gerät im Wald schnell in Vergessenheit.

- Eilenriede, Hohenzollernstraße, 30161 Hannover
  www.eilenriede-hoeren.de
- ÖPNV: Stadtbahn 3, 7, 9, Bus 100, 121, 134, 200, Haltestelle Lister Platz

Speisen aus 1001 Nacht

50 Syrische Köstlichkeiten im Al-Dar

Klar, wir könnten jeden Tag Pasta und Pizza essen und Rotwein trinken. Das klingt verlockend, wäre aber sehr schade, schließlich gibt es auf der Welt noch viele andere Küchen zu entdecken. Zum Beispiel die syrische. Glücklicherweise öffnet in der Königstraße jeden Abend das wunderbare Al-Dar seine Türen. Wer schon einmal da war, schwärmt von den aufmerksamen Kellnern, die Speisen und Weine in hoher Qualität servieren. Die Aromen und Gewürze betören die Sinne, verwöhnen den Gaumen und entfalten wahre Geschmacksfeuerwerke auf den lockeren Zungen der Gäste. Stadtbekannt sind die Vorspeisen im Al-Dar, die „Mezza". An ihnen allein kann man sich bereits satt und glücklich essen. Sie schmecken nach Minze und Kreuzkümmel, nach Sesam und Kichererbsen, nach Thymian und Petersilie.

TIPP
Eine Reise nach Syrien verspricht das gleichnamige Menü, das es auch in einer veganen Variante gibt.

Das Al-Dar (zu Deutsch „das Haus") bringt hungrige Menschen unter einem Dach zusammen. Wir betreten diese Welt aus Tausendundeiner Nacht, fühlen uns wie Aladdin und Jasmin. Bunte Mosaike an den Wänden, rote Samtvorhänge an den Fenstern und verschwenderische Leuchten an den Decken. Deshalb ist es fast ein bisschen schade, dass das Wetter so schön ist und wir draußen sitzen. Andererseits ist ein lauer Sommerabend im schönen Innenhof bei Kerzenschein auch fein. Mehr als das: Es ist richtig schön romantisch.

Zur Inspiration lohnt ein Blick auf die Köstlichkeiten der großen Vorspeisen-Platte unserer Tischnachbarn. Wie lecker das aussieht und wie gut das duftet! Das Mezza-Arrangement ist uns aber heute zu groß und wir entscheiden uns für zwei kleine Vorspeisen: Taboulé (orientalischer Salat aus Petersilie) und Muhammara (Walnussmousse mit Paprika und Tomate). Als Hauptgericht wählen wir Schisch-Tawouk (Hähnchenbrustfilet auf Lavastein gegrillt) und Falafel-Bällchen mit Salat und Hummus. Unsere Geschmacksknospen sind überwältigt von den verschiedenen Aromen. Zum Nachtisch vernaschen wir „syrische Süßigkeiten" und lassen den Abend bei einem frischen Minztee ausklingen.

- Al-Dar, Königstraße 3, 30175 Hannover, Tel. (05 11) 8 98 49 94
www.aldar.de/hannover
- ÖPNV: Bus 100, 128, 134, 200, Haltestelle Königstraße

AL-DAR

Fundstücke mit Geschichte

51

Der Vintage-Shop Mooimoin

Die Zitrone da ist ja süß! Die würde sich sicherlich schön im Wohnzimmer machen, überlegen wir, vielleicht auf dem Sideboard ruhend, dem Raum einen gelben Farbklecks verleihend. Aber Moment mal, die Zitrone ist doch neu und echt – und gar nicht zu kaufen! Wir legen sie rasch zurück auf den beigen Teller und denken darüber nach, ob der nicht zu unserem Geschirr passen könnte.

Wir sind hier nicht bei IKEA, sondern in einem charmanten Vintage-Shop in der Oststadt. Der Wind schob uns von der Lister Meile in die abzweigende Seumestraße, wo sich an der Kreuzung zur Rambergstraße das Mooimoin befindet. Etliche Male sind wir hier bereits vorbeispaziert und haben immer wieder Blicke ins Schaufenster geworfen – doch erst jetzt wagen wir uns hinein. Zwischen all den schönen Dingen fühlen wir uns sofort wohl. Neu und glatt ist hier nichts, alles ist „true vintage" und nachhaltig dazu, schließlich verlängert jede Kundin das Leben des erworbenen Gegenstands. Die liebevoll ausgesuchten Einzelstücke haben Patina und Narben, sie erzählen lange Geschichten voller Wendungen. Es gibt also keine Fake-Vintage-Vasen, die nur alt aussehen, aber in Wirklichkeit aus jüngster Massenfertigung stammen. Nein, es sind Jahre und Jahrzehnte, die die gebrauchten Kleinmöbel, Vasen, Leuchten, Kunstwerke und Teller schon existieren. Das sehen wir, das riechen wir, das fühlen wir.

TIPP

Lust auf noch mehr Vintage? Eine Straße weiter befindet sich in der Flüggestraße Das Nest.

Der Laden ist wahrlich besonders, ein Kleinod geführt von einer überzeugten Vintage-Liebhaberin, die hier mit Herzblut und Sachverstand berät und verkauft. Gabriele Rosenbrock hat ein Auge für schöne Dinge und ein Händchen fürs Dekorieren. Es macht allein schon Spaß, immer wieder ins Fenster zu schauen und Neues zu entdecken. Noch mehr Spaß macht es natürlich, den Teller in die Hand zu nehmen und sein Gewicht zu spüren. Ein haptisches Vergnügen in digitalen Zeiten. Also gut, der Teller soll uns gehören, wir wollen, nein, wir *müssen* ihn haben. Als Nächstes laufen wir zum Wochenmarkt auf der Lister Meile. Eine schöne Zitrone kaufen.

- Mooimoin, Rambergstraße 32, 30161 Hannover, Tel. (05 11) 1 61 28 19 www.mooimoin.de
- ÖPNV: Stadtbahn 3, 7, 9, Haltestelle Sedanstraße/Lister Meile

MOOIMOIN
VINTAGE SHOP

Chillen, tanzen, chillen!

52

Faust-Gelände am Wasser

Die Wiese am Ihmeufer ist nicht grün, sondern knallbunt. Da schmusen Liebespaare und da sitzen und liegen Freunde, Zeitungsleser und Sonnenanbeter. Einige haben ihre Grills schon aufgebaut und stapeln Holzkohle zu Pyramiden, ehe die Flammen lichterloh brennen. Über die Fährmannsbrücke schlendern immer mehr Leute herbei, mit Würstchen und Maiskolben, mit Sonnenbrillen und Picknickdecken. Rennräder rollen über die Brücke, Skateboards, Kinder- und Bollerwagen. Auf der Ihme gleiten die Kanus unter der Brücke hindurch, am Ufer baumeln Füße im Wasser. Es wird dunkel, die Holzkohle knistert. Einer traut sich, sein Instrument aus dem Gitarrenkoffer zu befreien und in die Saiten zu greifen. Ein magischer Moment, der im Bauch kribbelt. Auf einer Decke lernen sich zwei Studenten kennen. Sie ist cool, er nicht so. Sie erzählt, öffnet eine Flasche Weißwein und gießt großzügig ein. Nicht in Pappbecher, sondern in stilvolle Gläser, wie sich das gehört. Dann stoßen sie an und die Schmetterlinge im Bauch sind heiter. „Lass uns tanzen!", sagt sie plötzlich und springt auf, den Bässen entgegen. Rüber zur Faust, zum Kulturzentrum.

Einst war hier ein Fabrikgelände, auf dem Bettfedern produziert wurden. Heute feiern sie hier Partys (in der 60er-Jahre-Halle), lauschen Lesungen (in der Warenannahme) oder trinken Limos (im Gretchen). Beliebt ist zudem der alternative Flohmarkt auf dem Faust-Gelände – sonntags ist dann „Stöbersonntag". Vorher aber ist Spaßsamstag: tanzen, springen, singen, neue Leute kennenlernen. Gemeinsam fluffige Pizza mampfen, draußen an der kultigen Pizzabude auf dem Faust-Gelände. Bis spät in die Nacht backt der Ofen, feiern macht schließlich hungrig. Im Morgengrauen schleichen die müden Menschen zur Limmerstraße und warten auf die 10, die sie nach Hause bringt. Ab in die Federn.

TIPP

Das Gretchen ist einer der schönsten Biergärten in Hannover, manchmal gibt's Live-Musik.

- Kulturzentrum Faust, Zur Bettfedernfabrik 3, 30451 Hannover
  www.kulturzentrum-faust.de
- ÖPNV: Stadtbahn 10, Haltestelle Leinaustraße

Lustwandeln zwischen Blüten

53

Maschpark und Neues Rathaus

Es ist ein wunderbarer Tag im Spätsommer, an dem man das bunte Treiben im Maschpark hervorragend genießen kann. „Jetzt wirf endlich, wirf endlich!" Der Junge platzt fast vor Aufregung, hüpft hin und her, auf und ab, während sich sein Vater nach dem Ball bückt. Ähnlich aufgeregt wie der Junge ist ein junges Brautpaar, das am Ufer verschiedene Gesichter und Positionen ausprobiert. Der Park bietet eine hervorragende Kulisse für eine Erinnerung an den schönsten Tag im Leben. Der Fotograf korrigiert und drückt ab, immer wieder, immer wieder. Endlich hat der Vater den Ball mit Schmackes in die Luft geworfen. Der Junge quietscht vergnügt und läuft los. Auch ein Hund hat es auf den Ball abgesehen, sprintet ebenfalls los, fliegt über den Rasen. Doch der Ball landet – platsch – im Maschteich. Der Hund kann nicht mehr bremsen und rauscht ins Wasser. Der Ball treibt langsam auf den Teich hinaus, der Junge will am liebsten hinterher, aber sein Vater hält ihn auf. Sie müssen abwarten, bis der Wind sich dreht.

TIPP

Mit dem Bogenaufzug auf die Rathauskuppel – von dort hat man den besten Blick auf den Maschpark!

Der Maschpark mit seinen einladenden Rasenflächen, hohen Bäumen und Sträuchern ist voller Menschen, die spielen, entspannen und flanieren. Der Park hinter dem Neuen Rathaus gehört zu den beliebtesten Anlagen in Hannover, schließlich gibt es hier viel zu erkunden: die verschlungenen Wege, die Seerosenbucht – oder die Maschteich-Brücke mit ihrem schmiedeeisernen Geländer. Von der Bogenbrücke aus haben Flaneure den besten Blick auf das elegante, pompöse Rathausgebäude. Am schönsten ist es im Frühling, wenn im Maschpark die Magnolien blühen und sich die zartrosa Blüten im Teich spiegeln. Ein Anblick, den man sofort auf eine Leinwand pinseln möchte. Am Ufer herrscht derweil Erleichterung: Der Ball hat es zurück ins Trockene geschafft, der Wind war gnädig. „Jetzt wirf doch", fordert der Junge energisch, während der Hund alle viere von sich streckt und in der Sonne trocknet. Es ist ein wunderbarer Tag im Maschpark.

- Maschpark und Neues Rathaus, Trammplatz 2, 30159 Hannover
- ÖPNV: Bus 100, 200, Haltestelle Maschsee/Sprengel-Museum

Den Tag versüßen

54 Café BAR in Linden-Nord

Erst die Arbeit, dann das Vergnügen? Im Café BAR geht beides zusammen: Auf dem langen Holztisch ist nämlich ausreichend Platz für Laptops, Kaffeetassen und Kuchenteller. Geduldig wartet dort schon der Zuckerstreuer auf seinen Einsatz – er möchte den Tag gern ein wenig versüßen. Ist die Arbeit endlich erledigt, laden viele hübsche Magazine und Zeitungen zum gemütlichen Schmökern ein. Oder man lenkt den Sitznachbarn etwas ab, der schnaufend Wörter in seinen Computer hackt.

Das stylische Café mit Vintage-Möbeln und dem knappen Namen ist Arbeits- und Wohnzimmer für alle, die nicht allein sein wollen. Auf den Tischen stehen immer schöne Blumen, die für einen bunten Farbklecks sorgen – dies ist definitiv ein Wohlfühlort und eines der schönsten Cafés in der Stadt. Zum Glück haben wir unsere Arbeit für heute schon erledigt, deshalb sitzen wir unbeschwert am Fenster, direkt hinter der großen Scheibe. Von dort schauen wir auf die Limmerstraße, schnuppern am doppelten Espresso und inhalieren seinen herrlichen Duft. Draußen weht ein grimmiger Wind durch die Straßen und treibt die Leute vor sich her. Zu unseren Füßen wärmt die Heizung unsere Beine. Für diesen Augenblick ist das hier der beste Ort der Welt.

Dann reißt jemand die Tür auf, herein stößt die Kälte, die immerhin ein bisschen erfrischt. Die beiden Neuankömmlinge nehmen auf den schwarzen Ledersesseln Platz und plaudern. Auf dem Tisch stehen wenig später große Gläser, über deren Ränder sich ganz zaghaft der Milchschaum wölbt. „Wir haben den Kuchen vergessen!“, ruft die eine plötzlich. Das geht natürlich nicht, denn: „Ohne Kuchen und Gebäck hat das Leben keinen Zweck.“ So lautet das inoffizielle Motto des Cafés, das natürlich auch hausgemachten Kuchen und Brownies anbietet. Ein großes Glück, nicht wahr? Und es muss nicht enden. Denn das Café BAR verkauft auch „Coffee to go“ für die Eiligen. Die Becher sind wiederbefüllbar und aus Bambus – schick, schick und nachhaltig.

- Café BAR, Limmerstraße 25, 30451 Hannover, Tel. (01 60) 93 21 26 29
  www.lieblings-bar.de
- ÖPNV: Stadtbahn 10, Haltestelle Am Küchengarten

BAR

Schlemmen wie in Japan

55

Sushi-Bar Gim

Ein Hauch von Japan weht einem entgegen, wenn man die Tür öffnet und eintritt ins Sushi-Gim am Goethe-Kreisel, gleich gegenüber vom Goethe-Döner. Von außen ist das japanische Restaurant recht unscheinbar und wirkt von innen ein wenig in die Jahre gekommen. Die Einrichtung ist eben unprätentiös und ehrlich, kein Blingbling lenkt vom Wesentlichen ab. Im Fokus steht das gute Essen – und tatsächlich kann Sushi-Gim geschmacklich vollkommen überzeugen. Nicht ohne Grund gehört das Lokal seit Langem zu den besten Japanern der Stadt. Wir jedenfalls fühlen uns in dem kleinen Gastraum sofort wohl. Auch die vielen Stammgäste, die an den Tischen sitzen und Sake schlürfen, wissen den besonderen Charme zu schätzen.

Wir bekommen einen Platz am Fenster. Ein röhrender Mercedes donnert die Goethestraße entlang, gefolgt von einem schnaufenden Linienbus, gefolgt von der 10, die neue Gäste bringt. Wir sind hier, weil wir große Lust auf die japanische Küche haben. Die ist natürlich lecker, sehr bekömmlich und auch noch gesund. Direkt am Eingang des Lokals steht hinter der Theke der Sushi-Meister mit seinem scharfen Messer, zerschneidet gekonnt Fischfleisch und zerstückelt Maki-Rollen. Wir essen allerdings vegetarisch: Maki mit Gurke, Avocado und japanischem Kürbis. Der Reis ist butterweich und zergeht auf der Zunge.

Die Karte ist vielseitig: Außer Sushi bietet sie erstaunlich viele Leckereien der japanischen Küche, etwa die deliziösen Yakitori-Spieße (gegrilltes Hühnchen). Wer gern alles probieren möchte, wählt eine Bentobox oder ein Sushi-Set aus. Eine „kulinarische Reise durch Japan" versprechen die mehrgängigen Menüs, die allesamt mit einer Misosuppe beginnen. Einige Gerichte werden auf heißen Eisenplatten serviert, diverse Soßen sorgen für Süße, Schärfe und Frische. Das kleine Restaurant hat also einiges zu bieten. Und so schlemmen wir uns durch Japan, bestellen wie immer ein bisschen zu viel – essen aber alles auf. Zum Nachtisch rollen noch ein paar Mochi-Bällchen in unsere Münder. „Arigato" und bis zum nächsten Mal, trällern wir fröhlich, denn das ist klar: Wir kommen wieder.

- Sushi-Bar Gim, Goethestraße 48, 30169 Hannover, Tel. (05 11) 7 00 02 59
www.sushi-bar-gim.de
- ÖPNV: Stadtbahn 10, Haltestelle Goetheplatz

Den Wildtieren so nah

56 Tiergarten in Hannover-Kirchrode

Die Frischlinge haben den Spaß ihres Lebens. Voller Energie wühlen sie sich durchs Erdreich, drücken ihre feuchten Rüssel in den Boden und grunzen vergnügt. Ihre Eltern lassen es ruhiger angehen, entspannt stehen sie an der Tränke und schlürfen ein wenig Wasser. Am Gatter versucht ein Herr mit seinem langen Teleobjektiv, die kleinen Frischlinge zu fotografieren. Doch sie wollen einfach nicht stillstehen, sie toben hin und her, sind überall und nirgendwo. Auf der Lichtung steht plötzlich ein Damhirsch. Die Kinder schauen mit großen Augen, die Erwachsenen auch, gemeinsam bewegen sie sich ganz vorsichtig in Richtung Hirsch, um ihn nicht zu verschrecken. Langsam hebt sich das prächtige Geweih. Der Hirsch betrachtet die Betrachter. Er rennt nicht davon, bleibt ganz ruhig: Die neugierigen Blicke der Menschen sind nichts Neues. Anders als die wilden Wildschweine dürfen sich die Damhirsche frei im Tiergarten bewegen. Selten ist eine so nahe Begegnung mit Wildtieren möglich.

Ursprünglich wurde der Tiergarten in Kirchrode als Hofjagdrevier für den Adel angelegt. Heute darf jeder rein und das sogar kostenlos. Das beliebte Ausflugsziel kann durchaus ein Ort der Stille sein, ein Lieblingsort für verträumte Spaziergänge zwischen Wildschweinen und raschelnden Bäumen. Spätestens am Wochenende aber, wenn die Sonne kräftig scheint, gehört der Tiergarten den Kindern. Dann wird gepicknickt, gespielt und geschaut. Mit dem Tiergartenfest im Oktober bedankt sich der Forstbetrieb bei den fleißigen Kastanien- und Eichel-Spendern. Rund 20 Tonnen kommen pro Jahr zusammen.

Einige der Bäume im Tiergarten sind 500 bis 600 Jahre alt. Die Eiche in der Nähe des Haupteingangs steht dort schon seit rund 680 Jahren. Tapfer trotzt sie den Naturgewalten: Einst wurde der Baum vom Blitz getroffen und trägt trotzdem weiterhin viele Früchte. Im Herbst, wenn sich die unzähligen Blätter verfärben, wird alles gelb-rot, ein grandioser Anblick. Bei Einbruch der Dunkelheit müssen die Besucher aber nach Hause, die Tiere möchten schließlich friedlich schlafen.

- Tiergarten, Tiergartenstraße 117, 30559 Hannover
- ÖPNV: Stadtbahn 5, Bus 370, Haltestelle Tiergarten

Kreatives Malvergnügen

57

Geschirr bemalen im Porzellancafé

Die Tasse hat schon Augen und kriegt noch Ohren. Die kleine Charlotte ist begeistert von ihrem Werk und ihrem Pinselstrich, ihre Mutter noch nicht. Es fehlen doch noch die Augenbrauen, ohne sieht es komisch aus. Aber Charlotte findet die Tasse perfekt. Während sie mit unbeschwerter Leichtigkeit malt und keine Scheu hat, den Pinsel in alle Farben zu tunken, haben es die vier Frauen am Nebentisch nicht so einfach. Schließlich soll das bemalte Geschirr schön aussehen und sich gut in der Vitrine machen. Also hören die Freundinnen aufmerksam zu, als die Mitarbeiterin des Porzellancafés den Ablauf und die Maltechniken erklärt. Wichtig ist am Anfang, sich die Hände ordentlich mit Seife zu waschen, um die Finger von Dreck und Fett zu befreien. Sonst entstehen hässliche Flecken. Mit sauberen Pfötchen also folgt die Auswahl der noch nackten Keramik, dem Rohling. Was soll es werden? Für den Anfang soll es erst mal ein Kaffeepott für den Eigenbedarf sein, ein ganz persönliches Unikat. Wer dann den Schwung raus hat und sich traut, die weiße Keramik bunt zu bemalen, kann seiner Kreativität freien Lauf lassen. Und selbst wenn das Werk am Ende nicht den Ansprüchen genügt, hat's immerhin Spaß gemacht. Denn darum geht es: Das Pinseln macht einfach gute Laune. Mit Bleistift kann man Hilfslinien auf die noch raue Oberfläche malen – beim Brennen verschwinden sie vollständig. Wer sich trotzdem nicht traut, freihändig zu malen, verziert die Keramik einfach mit Stempeln oder tupft durch kleine Gardinenstücke feine Ornamente drauf. Perfekt für vorsichtige Anfänger.

Die Tasse ohne Augenbrauen ist nach dem Trocknen bereit für den Ofen. Die Farben sind noch recht blass, wovon man sich aber nicht beirren lassen darf: In der Hitze dunkeln sie nach, werden satt und kräftig, wie die kleinen Beispielkacheln im Porzellancafé anschaulich zeigen. Der Brennvorgang sorgt außerdem dafür, dass die bemalte Tasse in die Spülmaschine darf. Charlottes Mama ist schließlich doch begeistert von der süßen Tasse ihrer Tochter.

● Porzellancafé, Dieckmannstraße 1, 30171 Hannover, Tel. (05 11) 54 57 68 81
www.porzellancafe.de
● ÖPNV: Bus 121, Haltestelle Lutherstraße

Mittelmeerflair in der Südstadt

58 Das beste Olivenöl gibt's bei Elea

Es duftet dezent nach Gras und sein Geschmack erinnert an den vergangenen Urlaub am Mittelmeer. Gern wird es als „grünes Gold" gehandelt. Nährreich und wohltuend, fruchtig und nussig im Abgang: Die Rede ist von Olivenöl. Doch Olivenöl ist nicht gleich Olivenöl, kaum jemand weiß das besser als Stefan Koszewski, Inhaber des Feinkostgeschäfts Elea. Als zertifizierter Olivenölexperte und -sommelier weiß er, woran man ein gutes Öl erkennt und warum es sich lohnt, für das grüne Gold lieber ein bisschen mehr Geld auszugeben. Das erfährt auch jeder Kunde, der das Elea betritt und die erstklassige Beratung in Anspruch nimmt. So manches Aha-Erlebnis ist garantiert.

Im gut sortierten Geschäft gibt es ausschließlich Premium-Qualität. Nur Waren, die Stefans strengem Qualitätsanspruch genügen, schaffen es in die Regale: Bio muss es sein und fair gehandelt – und natürlich lecker. Ein gutes Olivenöl ist im Geschmack mild oder pikant, fruchtig oder sanft, niemals jedoch fad oder ranzig. Deshalb überlässt Stefan nichts dem Zufall. Die Olivenölerzeuger kennt er alle persönlich, denn von ihnen bezieht er seine Ware direkt, ganz ohne Zwischenhändler. Regelmäßig fliegt er in die Anbaugebiete: etwa nach Kreta, Sizilien oder Mallorca. Dort besucht er die Bauern auf ihren Plantagen und hilft sogar bei der Ernte der wertvollen Früchte. Arbeiten, wo andere Urlaub machen – klingt nach einem Traumjob. Für alle Daheimgebliebenen gibt es im Elea regelmäßig Olivenölseminare, die einen Kurzurlaub für die Sinne versprechen. Serviert werden dann Tapas, Wein und Brot, dazu natürlich verschiedene Olivenöle und viel, viel Fachwissen. Aber auch ohne das Know-how macht der Genuss guter Öle große Freude: Sobald der einmalige Geschmack den Gaumen verwöhnt, ist da wieder die Erinnerung an diesen Abend in der kleinen Finca: Wie schön das war, als wir Sangria auf der Terrasse tranken, Manchego-Käse genossen und Weißbrot ins Olivenöl stupsten. Unsere Haut war noch salzig vom Baden im Meer. ¡Salud!

TIPP

Neben Olivenöl verkauft das Elea weitere Feinkost wie Weine, regionale Salami oder Fruchtessig.

- Elea, Geibelstraße 18, 30173 Hannover, Tel. (05 11) 53 40 04 17
  elea-hannover.de
- ÖPNV: Stadtbahn 1, 2, 8, Haltestelle Geibelstraße, Bus 121, Haltestelle St.-Heinrich-Kirche

x0,75 l
DORICA

Zuckerschnuten im Glück

59 Die Holländische Kakao-Stube

Das Paradies für Zuckerschnuten befindet sich gleich neben einem Steakhaus und einer Pizzeria mitten in der Innenstadt. Dort ist seit eh und je die süße Institution beheimatet: die Holländische Kakao-Stube. Sie ist für Naschkatzen ein Glücksort schlechthin – und auch für alle anderen, die während ihrer Shoppingtour eine plötzliche Lust auf Kuchen, Torten und einen warmen Kakao verspüren. Das Heißgetränk ist die Spezialität des Hauses und Schokolade macht bekanntermaßen überglücklich. Den Kakao gibt es entweder pur nach Hausrezept oder verfeinert mit Nuss, Zimt, Mango oder Erdbeere. Auch mit einem Schuss Likörchen ist der Kakao zu bekommen. Die Kakao-Stube ist ein gemütlicher Ort, an dem die Zeit stehen geblieben ist: Die Wände sind holzvertäfelt und mit Delfter Fliesen gefliest – minimalistischen Hipster-Schick sucht man hier vergebens. Die maritimen Gemälde und die geschwungene Treppe verleihen der Stube ein traditionelles Kaffeehausflair wie aus alten Tagen. Kein Wunder, die Stube blickt auf eine lange Geschichte zurück: 1895 gegründet, ab 1921 in der Ständehausstraße 6 beheimatet, 1927 dann um vier Hausnummern verlegt, wo das Café noch heute zu finden ist. Seit vielen Jahrzehnten schon wird hier geschlemmt, geredet und geguckt. Die glücklichen Gäste schauen von der Empore herab, schauen auf die goldenen Kronleuchter, die an der Decke hängen, schauen auf den blau-weiß karierten Boden. Es sind ältere Damen und Herren, die sozusagen zur Kakao-Stube gehören, die hier verweilen und das Leben besprechen. Der kleine Fridolin sitzt hier mit seinem Opa und wischt sich den Kakaobart in den Ärmel. Auch ein paar junge Paare genießen in der Stube die süßen Speisen, etwa die mächtige Marzipantorte. Die Gabel gleitet hinein in die Köstlichkeit und trennt die Spitze ab, die einen Augenblick später auf der Zunge zergeht. Süß, lecker – aufgegessen. Mehr Kuchen bietet die lange Theke. Dort liegen auch hübsche Trüffelpralinen neben Cremegebäck und Baumkuchen. Viel Zucker, viel Sahne, viel Glück!

TIPP

Ein Stück vom Baumkuchen probieren, der wird nach traditionellem Rezept gebacken.

● Holländische Kakao-Stube, Ständehausstraße 2–3, 30159 Hannover
www.hollaendische-kakao-stube.de
● ÖPNV: Stadtbahn 1–9, 11, Haltestelle Kröpcke

CONFISERI

Heute eine Königin

60

Herrenhäuser Allee

Sie kennt nur eine Richtung: geradeaus. Die prächtigste Allee in Hannover entstand 1727 im Georgengarten und verbindet den Königsworther Platz mit dem Bibliothekspavillon am Berggarten. Schnurgerade, 2 Kilometer lang, sehr breit und von mehr als 1200 Linden gesäumt: Die Allee kann sich sehen lassen. Am Anfang – oder am Ende, je nach Perspektive – stehen am Toreingang noch ein paar alte Linden. Die anderen historischen Bäume sind in den 1970ern gefällt worden, denn sie hatten im Krieg schwere Schäden erlitten. Neue Kaiserlinden wurden gepflanzt und die Allee behielt ihren Glanz. Früher fuhren auf dem breiten Mittelweg die hochherrschaftlichen Kutschen auf und ab. Sie brachten die feine Gesellschaft vom Schloss in die Stadt, zum Shoppen. Heute joggen hier die normalen Leute hin und her – ohne Schloss und ohne Ross.

TIPP
Die Herrenhäuser Allee ist zu jeder Jahreszeit ein wunderbares Fotomotiv.

Die Jogger können im Laufen ruhig träumen, schließlich geht es nur geradeaus und Autos fahren hier keine. Radfahrer kommen den Läufern nur manchmal in die Quere. Sie haben eigentlich ihren eigenen asphaltierten Weg, der mit dem Radwegenetz der Stadt verbunden ist.

Doch die Herrenhäuser Allee ist auch Glücksort für all jene, die es nicht eilig haben, die einfach entspannt flanieren möchten. Alle paar Meter lädt zum kurzweiligen Verweilen eine Sitzbank am bekiesten Hauptweg ein. Dort klackern regelmäßig kleine Kugeln gegeneinander: Die Allee ist Spielplatz für die Boule-Spieler, die hier ihre Turniere austragen oder dafür trainieren. Immer wieder ein sehenswertes Spektakel. Nur für die Jüngsten mit ihren kurzen Beinen sind die 2 Kilometer schnurgerade Strecke freilich ein ganzes Stück. Und so haben die kleinen Begleiter oft keine Lust aufs Flanieren und heulen und zetern mit voller Kraft. Im Sommer und bei schönem Wetter gibt es zum Glück eine erfreulich bequeme Alternative: Sonntags fahren vom Milchhäuschen die Kutschen ab. Als Passagier darf man sich dann ein bisschen königlich fühlen.

- Herrenhäuser Allee, Hannover
- ÖPNV: Stadtbahn 4, 5, Haltestelle Schneiderberg

Das große Glück

61 Das Mezzo in der Oststadt

Es ist ein Glücksspiel, aber da ist Hoffnung: Heute wird es klappen, ganz sicher. Doch dann die Ernüchterung – die besten Tische an der großen Fensterfront sind bereits belegt und auch die nicht so guten Plätze sind besetzt. Da sitzen sie, die glücklichen Menschen, die Tee schlürfen, angeregt über komplizierte Dinge fachsimpeln oder einfach nur reden, über alles und nichts. Am Eingang, hinter der hohen Tür, warten schon zwei Frauen. Ein dritter Mann gibt auf und verschwindet in die Nacht. Ein Konkurrent weniger. Die Frauen grinsen, als ein Ehepaar bezahlt und einen Tisch freigibt. Die Stühle sind noch warm, als sie sich setzen. Die Tische im Mezzo, gleich neben dem Pavillon, sind heiß begehrt, aber nicht zu reservieren. Wer zuerst kommt, sitzt zuerst. Nicht ohne Grund ist das Mezzo gut besucht: Das Essen ist lecker und die Preise sind günstig. Die Küche kocht und backt regional, vieles ist vegetarisch oder vegan. Da stehen wir nun. Die Bedienung rauscht vorbei, sie lächelt, ihr Blick sagt: „Glaubt an euch!" Das tun wir. Auf einem Tablett balanciert sie Rhabarberschorlen, Biere und Kaffee durch die Luft. Auf anderen Tabletts werden Burger, Flammkuchen und Linsensuppen durchs Mezzo getragen. Der Duft steigt in unsere Nasen und steigert die Vorfreude, endlich zu sitzen und zu schlemmen.

Vor der großen Sanierung tropfte im Mezzo noch das Regenwasser von der Decke hinein in Plastikeimer. Das hatte durchaus Charme, ebenso das gesamte Interieur – ein bisschen studentisch und altbacken. Heute ist das Mezzo ein schöner und moderner Ort, der zwar etwas Patina verloren hat, aber weiterhin viele Gäste anlockt. Auch uns. Endlich tut sich was, eine junge Frau mit Undercut schlüpft mit den Armen in ihre Lederjacke. Ihr Begleiter trägt nur einen dicken Pullover. Sie stehen und gehen. Tatsächlich! Hin zum Tisch! Pure Euphorie: Wir haben es geschafft. Am Eingang stehen schon neue Leute, die auf einen Platz im Mezzo hoffen. Geduldige werden ihn bekommen.

TIPP
Genügend Bargeld mitnehmen, das Mezzo akzeptiert leider keine Kartenzahlung.

● Café Mezzo, Lister Meile 4, 30161 Hannover, Tel. (05 11) 31 49 66
www.cafe-mezzo.de
● ÖPNV: Stadtbahn 1–3, 7–9, Haltestelle Hauptbahnhof, Stadtbahn 10, 17, Haltestelle Hbf./ZOB

Hanöversch Hugo
Red Label
likör
VETERANO

Auszeit für Körper & Geist

62

Me Time Beauty Café

Schon wieder neue WhatsApp-Nachrichten, lange Schlangen im Supermarkt, hupende Autos an der Ampel – und dann noch eine überfüllte Stadtbahn! Der Alltag kann gehörig nerven. Zum Glück ist der Weg in die Entspannung nur wenige Schritte vom Trubel entfernt: Direkt auf der Podbi empfängt das Me Time Beauty Café gestresste Großstädter in einem entschleunigenden Ambiente. Das einzigartige Konzept verbindet Genuss mit Schönheitspflege, womit der Name zum Programm wird. Das Me Time verspricht Kundinnen eine Auszeit mit allen Sinnen. Beim Betreten des Kosmetikstudios steigt frischer Kaffeeduft in die Nase. Das macht Lust auf einen köstlichen Latte Macchiato, der den müden Geist etwas anstupst. Der Bio-Kaffee kommt hier nicht aus dem seelenlosen Vollautomat, sondern aus dem hochwertigen Siebträger.

Inhaberin Anna Volnov und ihr Team haben nicht nur die Ruhe weg, sie verfügen außerdem über langjährige Erfahrung, was Schönheit und Pflege angeht. Qualität und Kundenzufriedenheit sind ihnen wirklich wichtig und das spürt man auch. Das Studio ist hygienisch sauber und vor allem stilvoll eingerichtet. Wohlige Zufriedenheit breitet sich aus, hier kann man sich einfach fallen lassen. Genau das machen wir jedoch viel zu selten! Sich selbst und seinem Körper etwas zu schenken, kommt zwischen Terminen, Einkäufen und anderen Verpflichtungen leider oft zu kurz. Also heißt es, sich die Zeit aktiv zu nehmen und sich immer wieder etwas zu gönnen. Wie wäre es zum Beispiel mit perfekten Fingernägeln oder geschwungenen Wimpern? Verwöhnt werden im Me Time aber nicht nur Hände, Füße und Augenbrauen – die Beauty-Behandlungen umfassen auch Permanent Make-Up und Zahnaufhellungen. Ein natürliches Aussehen ist dabei stets das angestrebte Ziel. Um die wohlverdiente Auszeit vom Alltag abzurunden, können Kundinnen während der Maniküre ihre Lieblingsserie schauen. An jedem Platz gibt es ein Netflix-Terminal. Oder aber man schließt einfach mal die Augen und denkt an gar nichts. Wie auch immer: Schönes mit Schönem verbinden – davon brauchen wir alle mehr im Alltag!

TIPP

Flat Whites und andere Kaffeespezialitäten gibt es auch unabhängig von Beauty-Behandlungen zu kaufen.

● Me Time Beauty Café, Podbielskistraße 67, 30177 Hannover, Tel. (05 11) 51 54 46 53
www.metime-hannover.de
● ÖPNV: Stadtbahn 3, 7, 9, Haltestelle Lortzingstraße

me time
ESPRESSO
FILTERKAFFEE
AMERICANO
FLAT WHITE
CAPPUCCINO
LATTE MACCHIATO
KURKUMA LATTE
MATCHA LATTE
KAKAO
TEE
me time

Grillen & chillen im Grünen

63 Hoppenstedtwiese in der Südstadt

Ein Tag im Hochsommer. Für den Moment ist das unser Baum, unser persönlicher Ruheort. Wir sitzen im Schatten seiner raschelnden Blätter, auf einer weichen Picknickdecke. Lehnen an der Borke und machen die Beine lang. Wir haben Kaffee dabei, im Thermobecher. Und wir haben Kuchen dabei, in der Tupperdose. Wir breiten alles aus und gießen ein – Becher haben wir auch eingepackt, außerdem Besteck und Teller. Ameisen kommen herbeigeeilt – und ein schneeweißer Spitz, der ein bisschen schnuppern will. Andere Hunde jagen fleißig Frisbees, kleine Bälle oder dicke Tauben, die sich hierher verirrt haben.
Der Wind frischt auf, ein kühler Luftzug, der die heiße Haut abkühlt. Wir entspannen auf der Hoppenstedtwiese am Rande der Eilenriede. Die Wiese gehört zu den beliebtesten Erholungsorten der Stadt, denn hier ist genug Platz und jeder darf grillen. Und so duftet es an Sommerabenden köstlich nach Grillgut, nach Würstchen, nach Nackensteaks, nach Mais. Hungrige Kinder toben herum, ein bisschen Musik ist zu hören. Zwischen zwei Bäumen hat eine junge Frau ihre Slackline gespannt, heute will sie endlich den Knee Drop schaffen. Das ist nichts für die beiden Faultiere, die lieber ihre Hängematten zwischen die Bäume gespannt haben. Am Rand der Wiese machen ein paar Verrückte schweißtreibende Burpees – wir schauen schnell weg und essen unseren Kuchen. Regelmäßig starten auf der Hoppenstedtwiese außerdem die Heißluftballons. Ein toller Anblick, wie sie in den Himmel steigen und davonschweben. Hin und wieder verschwinden junge Leute im Wald – erleichtert kommen sie wieder. Wer seine Ruhe haben will, findet sie hier auch. Es herrscht ein friedliches Miteinander und Nebeneinander. Zwei hübsche Mädchen liegen zwischen ihren Fahrrädern, lesen, kichern. Nicht weit entfernt von ihnen üben zwei Jungs Fußballtricks. Sie hoffen auf die staunenden Blicke der schönen Leseratten. Doch ihre Bücher scheinen spannender. Und wir sitzen einfach nur unter unserem Baum und lauschen dem Rauschen seiner Blätter.

TIPP
Nicht weit von der Hoppenstedtwiese gibt es in der Eilenriede einen Mountainbike-Parcours.

- Hoppenstedtwiese, Hoppenstedtstraße, 30173 Hannover
- ÖPNV: Stadtbahn 1, 2, 8, Bus 121, 370, Haltestelle Altenbekener Damm

Schöne Berühmtheit

64 Lichtenbergplatz in Linden-Mitte

Plätze gibt es viele in der Stadt – der schönste aber ist der Lichtenbergplatz in Linden-Mitte. Auf einem Rondell steht zwar kein Arc de Triomphe, aber immerhin eine Kastanie, die umgeben ist von Jugendstilhäusern mit ihren hübschen Fassaden, Erkern und Balkonen. Es sind repräsentative Bauten, die Eindruck machen sollen. Wohnhäuser für die bürgerlichen Familien aus früheren Tagen. Hier kann das Auge auf Entdeckungsreise gehen und die vielen Ornamente an den Hausfassaden studieren. Und obwohl die runde Rasenfläche umzäunt ist, liegen dort an warmen Tagen, wenn alles grünt und blüht, die Faulenzer, baden im Sonnenlicht oder dösen im Schatten. Früher stand hier eine Kastanie, die höher und breiter war, altehrwürdig und weise. Doch dann wurde der Baum krank: Pilzbefall, die Feuerwehr musste ihn fällen. Das war im Juni 1997 ein großes Spektakel für die Schaulustigen. Eine neue Kastanie wurde gepflanzt, die inzwischen schon eine ansehnliche Größe erreicht hat – aber da geht noch mehr!
Ein bisschen Berühmtheit erlangte der Lichtenbergplatz durch einen VW-Werbespot, der hier im Sommer 2015 gedreht wurde. Zu hören ist darin der Lärm der Stadt: das Brummen der Motoren, das Quietschen der Bremsen. Zu sehen sind Laster, Autos und viel Trubel. Ein Fenster in einem der Jugendstilhäuser wird zugeschlagen, um den Alltagslärm aus der Altbauwohnung zu sperren. Dann plötzlich: Stille, als weiße Elektroautos in den Kreisverkehr einfädeln und ihre Runden drehen. Ein Kinderchor singt: „Enjoy the silence.“ Leise soll die Zukunft sein, dann ist auch das Zwitschern der Vögel besser zu hören. Eine Zukunftsvision mit dem schönen Lichtenbergplatz als Kulisse. So schlimm wie im Spot ist der Verkehr dort in Wahrheit nicht. Doch es wäre wahrlich entspannter, wenn alle Autos elektrisch betrieben wären. Die Faulenzer könnten ungestörter die Sonne genießen – keine Abgase, kein Motorbrummen, kein Bremsenquietschen.

TIPP
In der stylischen Weberey einen Wein oder Gin genießen und das Treiben auf dem Platz beobachten.

- Lichtenbergplatz, 30449 Hannover
- ÖPNV: Stadtbahn 9, Haltestelle Lindener Marktplatz

Ein Hauch Italien

65 Pizza-Manufaktur Francesca & Fratelli

Vor dem großen Wolkenbruch sind wir da, mitten in einem gut gelaunten Durcheinander von Menschen, die trinken und lachen. Wir sind in Italien – dabei sitzen wir in der Innenstadt von Hannover. Der herrliche Duft lässt uns entschweben. Links und rechts plappern Menschen. Männer gestikulieren, Frauen lachen, Ehepaare schweigen. Ein Vater schlürft Moretti-Bier, sein Sohn knallgelbe Fanta. Sie alle sitzen gemeinsam an langen Tischreihen, Fremde sitzen neben Fremden. Die Kellnerin balanciert gekonnt die großen Teller durch den Raum, zerschneidet die warme Luft. Es ist der Geruch von frischer Pizza, von Käse, Tomaten und leicht angebrutzelten Salamischeiben, der unseren Appetit anregt.

Hinter uns liegt eine Shoppingtour, jetzt sind wir hungrig und durstig und geschafft. Welch Glück, dass es in der Fußgängerzone das Francesca & Fratelli gibt: Das italienische Restaurant wird uns mit köstlichen Pizzen aus dem Steinofen verwöhnen. Berühmt ist der luftig lockere Teig, der lange gären darf und nun durch die Luft wirbelt. Neben uns sitzen Norbert und seine Tochter Paula. „Ist hier ja wie in der Schanze", sagt er und setzt seine Lesebrille auf, um die Speisen auf der Karte zu entziffern. Seine Tochter hat ihre Brille schon auf, so ein übergroßes Hipster-Gestell, wie die Mädchen in der Schanze. Schnell kommen wir mit den beiden ins Gespräch. So macht man das eben in der Schanze und in Bella Italia, einfach mal mit Fremden quatschen. „Die erste Francesca-Filiale eröffnete 2008 auf gerade mal 11 Quadratmetern", doziert Norbert. Inzwischen sind es sieben Restaurants unter dem Namen – ein kleines Imperium made in Hannover. Hinter dem Erfolg stehen Francesca Pagano und ihr Mann Kadir Elveren, die ihre Restaurants mit viel Liebe und Herzblut führen. Qualität steht an erster Stelle – und das schmeckt man. Schon schwebt die Quattro Formaggi für Paula herbei. Wir dürfen probieren, denn: „Glück ist das Einzige, was sich verdoppelt, wenn man es teilt", philosophiert Paula und lacht.

TIPP
Den Pizzateig von Francesca & Fratelli gibt es auch in ausgesuchten Supermärkten in der Region.

● Francesca & Fratelli, Seilwinderstraße 2, 30159 Hannover, Tel. (05 11) 56 96 13 42
www.francesca-fratelli.de
● ÖPNV: Stadtbahn 1–9, 11, Haltestelle Kröpcke

PIZZA
MANUFAKTUR
Francesca & Fratelli
PIZZE DI MARE

Das perfekte Gebäck

66 Coffee & Scones in Linden

Es gibt da eine besondere Köstlichkeit irgendwo zwischen Keks und Kuchen, die bislang nicht leicht in Hannover zu bekommen war: Scones – und zwar deren US-amerikanische Variante. Genau die gibt es nun glücklicherweise in einem kleinen Café, dessen Name ohne Umschweife verrät, was es dort zu genießen gibt: Coffee & Scones eben. Hinterm Tresen stehen Lena und Carina, die eigentlich TV-Beiträge und Dokus drehen, nun aber auch ihr liebstes Gebäck backen und verkaufen. Damit es nicht langweilig wird, probieren die beiden viele Sorten und Kreationen aus, von süß bis herzlich. Ihr Anspruch ist keinesfalls gering – sie sind immerhin auf der Suche nach dem *perfekten* Scone!

Doch was zeichnet einen Scone überhaupt aus? Ursprünglich kommt das Gebäck aus Großbritannien, wo es zum Nachmittagstee gereicht wird. Die Scones überzeugen durch ihre besondere Konsistenz, sie sind ein bisschen krümelig, ein bisschen trocken, recht süß und schwer. Im Unterschied zum Original enthält die amerikanische Variante gern auch Nüsse, Preiselbeeren und andere zusätzliche Zutaten. Alles ist möglich. Deshalb ist vor allem diese Spielart richtig lecker, finden wir, und bestellen einen Scone mit Aprikose sowie Pekannuss und einen mit Walnuss und Ziegenkäse. Dazu möchten wir zwei Flat Whites genießen, die Carina mit einem schnaufenden Siebträger zubereitet. Sie war es auch, die sich in Los Angeles kulinarisch inspirieren ließ.

Aus der importierten Idee wurde dann eher durch Zufall eine Geschäftsidee: Eigentlich suchten die beiden Fernsehjournalistinnen ein neues Büro – sie fanden das süße Café in der Grotestraße. Die Zeit war reif, sich einen Traum zu erfüllen und etwas Neues zu wagen! Und es klappte tatsächlich: Carina und Lena bekamen den Mietvertrag. Kurzerhand warfen sie sich in alte Klamotten und legten eigenhändig mit der Renovierung los. Sie klopften den Putz von den Wänden, schliffen die Dielen ab und bauten eine Küche ein. Viel Staub und harte Arbeit, die sich gelohnt hat! Das Café wirkt hell, einladend, cool und gemütlich. Ein Glück für uns, für die ganze Stadt.

- Coffee & Scones, Grotestraße 25, 30451 Hannover, Tel. (01 72) 7 19 57 42
- ÖPNV: Bus 120, Haltestelle Kötnerholzweg

coffee
&
scones

Mal eben nach Peru

67 Eva's Kitchen in der List

Peru gibt es auch in der List, zumindest ein winziges Stück davon. In der Liebigstraße liegt nämlich etwas versteckt ein Lokal, das sicherlich noch als Geheimtipp durchgehen dürfte: Eva's Kitchen. Dort kochen Eva Norma Lazo Nieto und ihr Team südamerikanische Spezialitäten von hoher Qualität. Als wir dorthin kommen, ist bereits fast jeder Platz besetzt. Zum Glück haben wir reserviert! Uns umgeben blaue Wände, Regale aus Holzkisten und bunte Alpakas. Das Auge hat im Gastraum viel zu erkunden. Tisch steht an Tisch, weil es eben nicht viel Platz gibt. Neben uns sitzen Fremde, die noch mehr Cerveza bestellen. Doch genau diese Enge trägt zur geselligen und trubeligen Atmosphäre bei. Die Stimmung ist gelöst und locker.

Wir schauen zunächst in die bunte Karte und studieren die Speisen mit ihren schönen Namen: Hamburguesa, Empanada, Conejo, Tamal! Eva erklärt gut gelaunt, was sich dahinter verbirgt – am liebsten würden wir alles auf einmal probieren. Nur an die süß-klebrige Inca Kola, die in Peru sehr beliebt sein soll, trauen wir uns nicht. Wir schlürfen lieber einen fruchtigen Chicha Morada mit Apfel und Ananas. Das Getränk basiert auf Purpurmais, der die Flüssigkeit dunkellila färbt. Zu essen gibt es schließlich einen Klassiker der peruanischen Küche: Lomo Saltado. Das Pfannengericht setzt sich zusammen aus sautierten Rinderfiletstreifen mit Tomaten, Reis, Koriander, Kartoffeln und Zwiebeln. Eva serviert auch eine vegetarische Variante mit Tofu. Beide Gerichte sind einfach köstlich! Unsere Tischnachbarn essen derweil saftige Hamburguesas, die auch lecker aussehen und gut duften. Hungrig muss heute niemand in die Nacht hinaustreten. Um aber ganz sicher zu gehen, steht als Nachtisch Mazamorra Morada vor uns, ein Pudding ebenfalls mit lilafarbenem Mais. Eva betont außerdem sehr selbstbewusst, sie würde das beste Tiramisu der Stadt servieren. Ein kulinarischer Blick über den Tellerrand. Ganz klar: Wir müssen wiederkommen und ihre Aussage überprüfen. *¡Estamos encantados!*

- Eva's Kitchen, Liebigstraße 2 A, 30163 Hannover, Tel. (05 11) 60 49 68 94
www.evaskitchen.de
- ÖPNV: Stadtbahn 3, 7, 9, Haltestelle Lortzingstraße

Es darf gern mehr sein

68 Einkaufsbummel auf dem Wochenmarkt

Schwuppdiwupp, schon ist das Geld wieder weg. Hier ein Zehner, da ein Fünfer und beim Blumenstand die letzten Euromünzen. Es darf immer ein bisschen mehr sein – und die frischen Erdbeeren dürfen auch noch mit. Auf dem Wochenmarkt leuchten und verführen die Farben, ein toller Duft schwebt durch die Luft. Die vielen Stände machen große Lust aufs Kochen, Schlemmen und Genießen. Es macht einfach Spaß, sich von Stand zu Stand treiben und verwöhnen zu lassen – gerade bei schönem Wetter. Kein Einkaufszettel, der bürokratisch abgearbeitet werden will, wir kaufen nach Lust und Laune. Eine Prise Unvernunft, die im Magen kitzelt. Beschwingt füllen wir unsere Jutebeutel, Jackentaschen und Rucksäcke. Was für Herrlichkeiten dort lagern: Tomaten mit Geschmack, knackige Äpfel aus dem Umland und zart-cremiger Honig aus der Gegend.

Eine klare Sache, der Marktbesuch lohnt sich immer, das ganze Jahr über. Die engagierten Verkäufer und Marktschreier wissen mit Wissen zu überzeugen und die Obst- und Gemüsepreise sind nicht viel höher als im Supermarkt. Außerdem ist alles knackfrisch und zumeist Bioware. Auf dem Markt ist es recht einfach, verpackungsfrei einzukaufen, lediglich am Stand mit den köstlichen Aufstrichen erhielten wir eine Plastikschale. Das hätten wir verhindern können, wenn wir ein eigenes Gefäß mitgebracht hätten. Wir müssen nur daran denken.

In Hannover ist an jedem Tag irgendwo Markt, nur sonntags nicht. Sehr beliebt ist der Wochenmarkt auf dem Lindener Marktplatz, den gibt es schon seit 1883. Er beginnt dienstags und samstags um 8 Uhr und ist Treffpunkt für Genießer und Schnacker. Es wird probiert, gefühlt, gelästert und ein bisschen gefeilscht. In der List lockt der Markt am Moltkeplatz die Menschen an, in der Südstadt geht man freitags zum Stephansplatz. Auf den Bauernmärkten in der Stadt verkaufen die Erzeuger ihre Waren direkt. Saisonware also und keine Wassermelonen oder Avocados vom anderen Ende der Welt. Schwuppdiwupp, auch hier sind die Taschen schnell voll.

● Wochenmarkt Linden, Lindener Marktplatz, 30449 Hannover
www.hannover.de/wochenmaerkte
● ÖPNV: Stadtbahn 9, Bus 100, 120, 200, Haltestelle Lindener Marktplatz

Allgäuer
Bergkäs

Edel speisen im Georgspalast

69

Restaurant Gondel

Oben verbiegen sich die Akrobaten, unten wird stilvoll gespeist. Nur eine Etage trennt das kultige GOP-Varieté vom Restaurant Gondel. Beide Institutionen sind im über einhundert Jahre alten Georgspalast beheimatet, einem noblen Büro- und Geschäftshaus mitten in der Stadt. Das Gondel im Untergeschoss zählt zu den wohl traditionsreichsten Restaurants Hannovers, denn bereits seit 1920 beherbergt es Genießer – damals noch als legendäres Tanzcafé, in dem aufregender Jazz lief. In der Gegenwart schreiten wir auf einem roten Teppich die Treppe hinab ins Untergeschoss und treten in goldenes Licht. Von den Goldenen Zwanzigern ist hier keine Spur mehr zu finden – im Jahr 2014 bekam das Gondel ein komplettes Makeover. Alles sieht nun modern und wunderschön aus: stilvolle Tapeten an den Wänden, edle Gläser auf den Tischen und kunterbunte Fische im Aquarium. Es dauert einen Augenblick, bis wir uns an diese Schönheit gewöhnt haben. Alles ist elegant und geschmackvoll und unfassbar gemütlich.

TIPP

Für einen kulinarisch-kulturellen Abend bietet das GOP Kombi-Tickets für „Show und Menü" an.

Uns empfängt der quirlige Kellner mit einem strahlenden Lächeln. Wir sinken in die mit Samt überzogenen Stühle, genießen das besondere Ambiente und studieren das Angebot. Auf der Speisekarte stehen saisonale, deutsche Gerichte. „Kochkunst ohne Schnickschnack" beschreibt das Restaurant seine Küche selbst. Fleisch und Fisch stehen zwar im Fokus, doch auch (vegane oder vegetarische) Sonderwünsche sind für die Köche kein Problem. Für was auch immer sich die hungrigen Gäste entscheiden mögen: Hier läuft jedem das Wasser im Mund zusammen. Und das völlig zu Recht, die Speisen sind ein Gedicht. Aber, oh Schreck, wie die Zeit verfliegt – wir müssen doch hoch in die GOP-Show! Keine Zeit mehr für ein Dessert? Kein Problem, der Nachtisch wird gern auch in der Pause zur Vorstellung gereicht. Wir verzichten nur ungern auf Süßes und bestellen noch schnell eine Tarte Tatin mit Matcha-Eis. Geschwind erheben wir uns von den Samtstühlen und nehmen die Stufen zum GOP, wo unser Abend grandios weitergeht.

● Gondel Restaurant & Bar im Georgspalast, Georgstraße 36, 30159 Hannover, Tel. (05 11) 30 18 67-67, www.restaurant-gondel.de
● ÖPNV: Stadtbahn 1–9, 11, Haltestelle Kröpcke

Das beste Eis der Stadt

70 Frioli Eismanufaktur

Manchmal kommen wir ganz unverhofft in den Genuss von Eis. Nicht irgendein Eis, sondern das beste Eis der Stadt. Wir sind mit den Rädern unterwegs am Maschseeufer. Die Sonne glitzert durch die Blätter, der Wind weht angenehm. Eigentlich ist schon jetzt alles gut – bis der Tag plötzlich versüßt wird: Am Horizont zeichnet er sich ab, der Eiswagen von Frioli! Wir treten in die Pedale, der Wind hilft uns, dreht sich und wird zum Rückenwind, zu einem Orkan. Geschwind nähern wir uns dem Glück. Sind da, bremsen ab und stehen an. „Hallo, was darf ich euch Gutes tun?", fragt der Eismann. Wir strahlen und grinsen wie die Lütten. „Zwei Kugeln bitte, zweimal Nuss. Mit Sahne!" Es ist noch genügend Eis da – das letzte Mal waren wir zu spät, da waren die allerleckersten Sorten schon aufgeschleckt. Was aber eigentlich nicht so schlimm ist, weil bei Frioli alle Sorten unwiderstehlich köstlich sind. Zum Beispiel Caramel mit Fleur de Sel (der Bestseller) oder Tiramisu oder Mascarpone-Erdbeere. Aber Haselnusseis ist einfach unser Liebling. Wir zahlen und schieben die Räder ans Ufer, um dort genüsslich das cremige Eis auf der Zunge zergehen zu lassen. Frioli will keinen Standard servieren – das schmecken wir sofort: Das Eis ist nicht zu weich, nicht zu hart, nicht zu süß. Es ist einfach perfekt.

Der Eiswagen ist die ganze Woche an „unterschiedlichen Plätzen in und um Hannover" zu finden. Ein Glücksspiel also. Wer auf Nummer sicher gehen und alle Sorten probieren möchte, fährt lieber gleich nach Linden und besucht dort die Frioli-Filiale in der Nähe vom Lindener Marktplatz. Hier bereiten Tanja Metz und ihr Team das Eis mit viel Hingabe selbst zu – deshalb ist es so gut. Sie verarbeiten frische Bio-Zutaten und streuen nur so viel Zucker wie unbedingt nötig in die Eiscreme. Farbstoffe kommen bei Frioli nicht in die Eistüte. Eine Besonderheit ist das Fruchteis: Es wird ohne Bio-Milch hergestellt und macht deshalb auch vegane Eisesser überglücklich.

TIPP

Das Frioli hat fast das ganze Jahr lang Betrieb – nur am Jahresanfang ist Winterpause.

● Frioli Eismanufaktur, Stephanusstraße 8, 30449 Hannover, Tel. (05 11) 79 09 66 08
www.frioli.de

● ÖPNV: Stadtbahn 9, Haltestelle Lindener Marktplatz

Italien an der Deisterstraße

71

Pizzeria Napoli

Diego Maradona schaut auf uns herab. Seinem Blick halten wir nicht lange stand, der Kerl macht uns Angst, wir schauen lieber in die Karte. Zu entdecken gibt es dort das beste Gericht der Welt: Pizza! Üppig belegt und in zahlreichen Variationen: Pizza mit Ricotta, mit Salami und Oliven, mit den besten Zutaten aus der italienischen Küche. Auf der Karte ermuntert der Hinweis „Extras und Variationen möglich" zu weiteren experimentellen Kombinationen. Und natürlich ist auf der Karte auch eine „Pizza Maradona" aufgelistet, mit Thunfisch, Oliven, Zwiebeln. Der argentinische Fußballgott und Lebemann, der mal eine Weile beim SSC Neapel spielte, schaut von den großzügig dekorierten Wänden herab, gefangen in Bilderrahmen, aufgedruckt auf einer großen Fahne.

Paolo Marra ist ganz offensichtlich Maradona-Fan. Und Marra ist der Chef von der kleinen Pizzeria Napoli in der Deisterstraße. In dem Lokal ist es einigermaßen eng, aber auch über die Maßen gemütlich. Ein Lieblingsort für viele Lindener, und seit zwei Jahrzehnten ein Anziehungspunkt für Genussmenschen, die es lieben, wenn der Limoncello in Strömen fließt. (Den Likör machen sie hier selbst, die Zitronen dafür kommen aus Italien, nur die besten.) Abends sitzen im (und vorm) Napoli Fremde eng beisammen und werden zu Freunden, die gemeinsam genießen und trinken und zum Nachtisch Tiramisu vertilgen. Nur vorher reservieren sollte man, die wenigen Tische sind begehrt und spätestens am Wochenende alle belegt. Deshalb bimmelt ständig das Telefon und man kann den Verhandlungen lauschen und hört schließlich den ersehnten Kompromiss: „Ich kann euch dazusetzen, ist dann aber kein Einzeltisch", erklärt die charmante Bedienung. Legt auf und bringt dann grinsend einen kleinen Gruß aus der Küche an den Tisch. Weißbrotscheiben mit Aioli, Pesto und Tomaten. Köstlich. Und wenig später liegen sie dann vor uns, dampfend und duftend: Pizzen, die uns betören! Purer Neid ist alles, was Maradonas Blick jetzt offenbart.

TIPP
Ist das Napoli vollbesetzt, einfach zwei Häuser weiter das „Mio Mio" aufsuchen.

- Pizzeria Napoli, Deisterstraße 40, 30449 Hannover, Tel. (05 11) 45 48 82
- ÖPNV: Bus 300, 500, Haltestelle Schwarzer Bär

Rumpsteak alla
alla Romana 18,50
alla Paolo 25,50
Frische Muscheln rot oder weiß 14,50
12,50
12,50

Leckeres Frühstück in Bio

72

Café und Restaurant Zurück zum Glück

Das Glück liegt bekanntlich auf der Straße. Oder aber in einer Straße – und zwar in der Hindenburgstraße im wunderschönen Zooviertel. Dort lädt zwischen schnieken Villen und schnittigen Sportflitzern ein Bistro-Café zum Frühstücken ein. Das Zurück zum Glück verwöhnt seine Gäste mit leckeren Speisen in Bio-Qualität, die sogar zertifiziert ist – bio ist hier definitiv kein leeres Versprechen. Deshalb sind auch wir hier, ein bisschen früher als sonst. Es dauert nicht lange, bis jeder Platz um uns herum belegt ist. In der Stadt hat sich längst herumgesprochen, dass das Frühstück im Zurück zum Glück nicht nur zertifiziert, sondern ausgezeichnet ist. Wir bestellen einmal das „Früh vegan" mit Räuchertofu und Aufstrichen und das „Früh fit" mit Müsli und „Detoxwasser". Dazu einen herrlich duftenden Bio-Wildkaffee: lecker, lecker.

TIPP
Vor dem Nachhauseweg noch Leckereien im Hoftalente in der Parallelstraße kaufen.

Das Mobiliar des beliebten Bio-Lokals ist rustikal-gemütlich. In Kombination mit den Holztischen und Dielenböden schafft das Interieur sofort einen warmen Wohlfühlort. In der oberen Etage schweben zwei goldene Heliumballons, die eine „3" und eine „0" formen. Das Geburtstagskind Nicole strahlt und genießt sorglos den Tag. All ihre Lieblingsmenschen sind bei ihr. Gemütlich schlemmen sie am reichlich und liebevoll gedeckten Frühstückstisch. Körnerbrötchen, Aufstriche, Konfitüren, Eier, Obst, O-Saft so weit das Auge reicht. Die Variante „Früh für viele" bietet Gruppen ab fünf Personen die köstliche Gelegenheit für ein geselliges Frühstück. Spätaufsteher, die gleich mit einem Mittagessen in den Tag starten, finden auf der Speisekarte ebenfalls ihr kulinarisches Glück. Die regionalen und saisonalen Gerichte mit großer vegetarischer Auswahl reichen von Pellkartoffeln mit Kräuterquark über Bio-Burger bis hin zum Quinoa-Risotto. Für den kleinen Hunger (zwischendurch) gibt es zudem viele Gerichte als halbe Portion. Lecker dazu: eine hausgemachte Limo. Ein glücklicher Tag ist gesichert.

● Zurück zum Glück, Hindenburgstraße 7, 30175 Hannover, Tel. (05 11) 89 97 88 80
www.zurueckzumglueckhannover.com
● ÖPNV: Bus 128, 134, Haltestelle Kirchwender Straße

Einfach mal abschalten

73 Fitness und Sauna im Aspria

Eine Stunde Yoga, danach einen frisch gepressten Rote-Bete-Ingwer-Saft schlürfen und von Sauna zu Sauna schlurfen: Kann ein Sonntag entspannter sein? Wohl kaum. Wer seine Seele und Gesundheit mal ausgiebig verwöhnen möchte, beschenkt sie mit einem Tagesausflug ins Aspria. Die größte Wellness-Oase Hannovers bietet einen großzügigen Sport-, Sauna- und Spa-Bereich. Das Aspria bedient viele Sauna-Vorlieben: die Erdsauna für alle, die es rustikal und heiß mögen, die Damensauna für Frauen, die nackig lieber unter sich sind, die stille Sauna, in der man es bei 50 Grad mit Entspannungsklängen sehr lange aushält, oder die (laute) Familiensauna, in der auch ganz junge Gäste schwitzen dürfen.

Gut zu wissen: Im Dampfbad und in der Salzsauna ist es erlaubt, den Körper mit einem wohltuenden Peeling zu verwöhnen. Wir haben kein eigenes dabei, erwerben deshalb ein Schälchen am Empfangstresen. Frisch abgerubbelt fühlt sich die Haut wie ein zarter Babypopo an – versprochen! Das Highlight ist aber die Panoramasauna mit Blick auf den Maschsee. Sie befindet sich im Saunagarten, in dem wir für einen Moment innehalten und mit geschlossenen Augen das Gras zwischen unseren Zehen wahrnehmen. Doch völlig abzuschalten ist gar nicht so leicht, die Gedanken kreisen und verheddern sich: Ob die dicken Maschsee-Karpfen uns hier nackt rumlaufen sehen? Fische haben ja immer so riesige Glupschaugen, die sehen eigentlich alles. Allmählich scheint uns die Hitze zu Kopf zu steigen. Wir brauchen dringend etwas Kälte. Garantiert fischfreie Abkühlung finden wir im Wasserbecken, in dem wir unbeschwert hin- und hergleiten. Jetzt merken wir, dass Saunieren echt müde macht. Für ein kleines Nickerchen ziehen wir uns deshalb ins Kaminzimmer zurück. Es ist hier so kuschelig und gemütlich – wir schlafen sofort ein. Träumen von dicken Karpfen, die uns anstarren. Dann lächeln sie. Und alles ist gut.

TIPP
Für Paddelspaß auf dem Maschsee vermietet das Aspria Paddleboards.

● Aspria Hannover, Rudolf-von-Bennigsen-Ufer 83, 30519 Hannover
www.aspria.com/de/hannover-maschsee
● ÖPNV: Stadtbahn 1, 2, 8, Haltestelle Döhrener Turm

Bauern in der City

74

Regional einkaufen im Hoftalente

Wochenmärkte sind wunderbar, haben für Langschläfer aber einen Nachteil: Das beste Obst und Gemüse ist um 12 Uhr oft schon weg. Und wenn es in Strömen regnet, macht das Stöbern an den Ständen sowieso keinen Spaß mehr. Eine trockene Alternative für Nachteulen und Berufstätige bietet das Hoftalente – ein Hofladen in Hannovers Zooviertel, der den Stadtbewohnern saisonale Produkte von Bauern aus der Region anbietet. Das Geschäft hat sieben Tage die Woche geöffnet, perfekt also für den spontanen Einkaufsbummel an einem verschlafenen Sonntagvormittag.

Die großen Supermärkte überfordern mit einer riesigen Auswahl und es mangelt an Transparenz. Woher genau die Milch kommt und welches Futter die Kuh bekommt, ist für uns Stadtkinder nicht nachvollziehbar. Im Hoftalente hingegen können wir ohne schlechtes Gewissen einkaufen: Das Team hat nämlich alle passenden Antworten parat, sie wissen bestens Bescheid. Die Gründer sind selbst Bauern aus Niedersachsen und im Norden weit vernetzt. Wer als Familienbetrieb seine Produkte im Hoftalente anbieten möchte, wird genau unter die Lupe genommen und muss die hohen Anforderungen an Nachhaltigkeit und artgerechte Tierhaltung erfüllen. Der Slogan „Wissen, wo's herkommt" ist also kein leeres Marketing-Versprechen. Ohne Zwischenwege gelangen die Produkte direkt vom Erzeuger ins Geschäft. Durch den direkten Vertriebsweg bleiben die Lebensmittelpreise niedrig und sichern gleichzeitig eine faire Entlohnung der Landwirte. Das Angebot ist nicht nur frisch, sondern auch saisonal unterschiedlich: Im November bekommt man im Hoftalente Kohl statt Himbeeren – die gibt es dafür in den Sommermonaten mit bestem Aroma. Neben Obst und Gemüse liegen in den Regalen Käse, Eier, Fleisch, Wein, Marmeladen, Suppen und weitere Köstlichkeiten. Der Sonntagsbrunch ist gerettet.

TIPP

Besonders schmackhaft sind die eingeweckten Suppen – sie munden wie frisch gekocht.

● Hoftalente, Seelhorststraße 12, 30175 Hannover
www.hoftalente.de
● ÖPNV: Bus 128, 134, Haltestelle Kirchwender Straße

HOFTALENTE
CHRISTOPH
HOF HENKE
Broccoli
Kopfsalat
Stück 1,20 €
Eisbergsalat
Stück 1,21 €
Spitzkohl
Stück 1,89 €
Rotkohl
Stück 2,70 €
Weißkohl
Stück 2,10 €
Blumenkohl
Stück 2,00 €

Die Schwester der Schanze

75

Die lebhafte Limmerstraße

Hannover ist nicht Hamburg – aber die Limmerstraße ist durchaus wie eine kleine Schwester der Sternschanze. Hier, mitten im Szeneviertel der Stadt, treffen sich Punks und Hipster, Lebenskünstler und Künstler, Alteingesessene und Touristen, Tagediebe und Geschäftemacher, Indie-Rocker und Hobby-Rapper, Aktivisten und Hedonisten, Gourmets und Säufer, Querdenker und Nullchecker, Utopisten und Realisten, Mathematiker und Geisterjäger. Ein buntes, lautes und schräges Publikum also, das die Limmerstraße bevölkert. Am Wochenende „limmern" spätabends die Studenten in den Hauseingängen, trinken Herri (oder Limo) und flirten mit der rauchenden Barfrau, die gleich wieder rein muss, um Cocktails zu mixen. Ein paar Jungs, die mit sich selbst diskutieren oder den Vollmond anbrüllen, sind auch da. Vor dem Supermarkt tanzt eine Frau ohne Socken und Schuhe, völlig selbstvergessen und ohne jede Hemmung. Zappa-Jesus schaut ihr dabei zu, sein Fuß wippt und sein wallendes Haar fliegt durch die Luft. Ein Hund, der sich losgerissen hat, genießt freudig bellend seine neue Freiheit – zumindest für einen kurzen Moment, bis das Herrchen den aufmüpfigen Mops wieder an die Leine nimmt.

TIPP

Auch ein Blick in die Seitenstraßen lohnt sich, hier warten süße Cafés und knuffige Läden auf Besucher.

Die Limmerstraße säumen kleine Läden, in denen die Leute tagsüber stundenlang nach Klamotten, Postkarten, Büchern oder Soßen stöbern können. Da sind außerdem kultige Kneipen, in denen getrunken und gequatscht wird, und gute Restaurants, in denen es sich vorzüglich dinieren lässt. Außerdem sind da die vielen Imbisse, dort gibt es Pizza auf die Hand oder prall gefüllte Lahmacun-Rollen. Wie lecker, wie genial. Sowieso bietet die Limmerstraße eine große kulinarische Vielfalt: Es gibt Mexikanisch, Vietnamesisch, Italienisch, Orientalisch und es gibt Burger und Steaks. Für Süßes sind die gemütlichen Cafés und Eisdielen da. Und den ganzen Rest verkaufen die vielen kultigen Kioske – alles vorhanden also für einen aufregenden Sommernachmittag. *Oh Limmerstraße!*

- Limmerstraße, 30451 Hannover
- ÖPNV: Stadtbahn 10, Bus 700, Haltestelle Am Küchengarte

KINO

Brot & Brettspiele

76 LieblingsBar in Herrenhausen

Die LieblingsBar ist für alle da: für Junge und Alte, für Müde und Wache, für Grummler und Bummler. An diesem Wohlfühlort in Herrenhausen treffen sich Freunde und Familien, um es sich bei einem guten Drink vor dem Kamin gemütlich zu machen – und eine Runde Uno zu spielen. (Vier ziehen, zwei ziehen, wie fies!) Das Smartphone kann tief in der Tasche bleiben, denn in der LieblingsBar liegen genug Spiele und Zeitschriften für den Zeitvertreib aus. Also einfach mal den Moment genießen und sich freuen, gut essen und trinken. „Be happy", empfehlen dann auch die leuchtenden Buchstaben an der Wand. Happiness fällt hier leicht – sogar wenn das Spiel haushoch verloren ist: Dann sorgen die überragenden Cocktails schnell wieder für gute Laune. Echte Profis bereiten die Drinks zu – Inhaber Manuel Mauritz sowie seine Bartender haben bereits diverse Cocktail-Preise abgesahnt. In der LieblingsBar mixen sie originelle Kreationen aus Gewürzen, Kräutern, Rauch und echten Früchten. Eine langweilige Piña colada suchen die Gäste auf der Karte vergeblich.

Weil Alkohol auf leeren Magen übel enden kann, sollten Cocktail-Liebhaber auf keinen Fall das kulinarische Angebot verpassen. Da sind zum Beispiel die Lieblingsbrote. Sie lassen die klassische Brotzeit wieder aufleben. Schnittchen wie bei Mutti bereitet das Küchenteam der LieblingsBar mit feinen Backwaren des Gehrdener Backhauses zu, getoppt mit frischem Gemüse von lokalen Bauern. Für den großen Hunger hält die Speisekarte Lieblingspasta, Lieblingscurrywurst oder Lieblingsburger mit selbstgemachten Soßen bereit. Das Fleisch dafür kommt direkt aus Herrenhausen, von der Fleischerei Hebel. Wer trotz aller guten Ratschläge dennoch nach dem Aufwachen von einem Kater übermannt wird, braucht ein gutes Frühstück. Wie gut, dass die LieblingsBar am Wochenende ein üppiges Frühstücksbuffet kredenzt. Mit knackigen Brötchen, Do-it-yourself-Müsli, frischem Obst, Spiegelei oder Baked Beans ist der Kater schnell vergessen. Und alle sind wieder happy!

TIPP

Der Magen ist gut gefüllt? Dann durch die Herrenhäuser Gärten spazieren, die sind nicht weit entfernt.

● LieblingsBar, Herrenhäuser Markt 5, 30419 Hannover, Tel. (05 11) 76 80 91 26
www.lieblingsbar.de
● ÖPNV: Stadtbahn 4, 5, Haltestelle Herrenhäuser Markt

BE HAPPY

Für Nähkätzchen

77 In der Kurzwarenkatze

Kommt Zeit, kommt Naht: Die Nadel gleitet über die Baumwolle, schafft eine Symbiose zwischen zwei Stoffstückchen. Noch fix die Bündchen fixieren und fertig ist die Pumphose für den kleinen Knirps. Nadel und Faden halten nicht nur Jersey, sondern auch die Seele zusammen. Wer dem Do-it-Yourself-Trend verfallen ist, weiß: Nähen ist Meditation, eine Flucht vor dem Alltag in ein Kreativ-Schlaraffenland voller Möglichkeiten. Stoffaholics wissen außerdem, dass Onlineshopping für Nähzubehör meistens eine schlechte Idee ist. Die Enttäuschung ist quasi vorprogrammiert. Den Stoff muss man einfach zwischen den Fingern fühlen, an den Körper halten – und auch mal daran schnuppern.
Ein Glück, dass es ganz in der Nähe der Limmerstraße die Kurzwarenkatze gibt. Das gut sortierte Fachgeschäft hat handverlesene Stoffe, bunte Knöpfe und niedliche Bügelbilder im Sortiment. Bei dieser Auswahl schlägt das kreative Herz gleich schneller. Eine kompetente und geduldige Beratung ist für Katrin Schmidt selbstverständlich. Die Inhaberin und „Frau für alles" veranstaltet in ihrem Fachgeschäft regelmäßig diverse Nähevents. Ein Junggesellinnenabschied steht an, aber die Braut hat keine Lust, sich mit Bauchladen in der Innenstadt zu blamieren? Oder die große Schwester bekommt ein Baby? Für solche Anlässe bietet die Kurzwarenkatze Events mit passenden Nähprojekten. Muffins und Fanta dürfen die Kundinnen einfach mitbringen und nebenbei verspeisen. Wer lieber hochkonzentriert und ohne Freunde und Familie näht, sich aber doch kompetente Unterstützung wünscht, ist in den klassischen Nähkursen gut aufgehoben. (Dort gibt es auch die Antwort auf die Frage, wo eigentlich die Einfädelhilfe für den Geduldsfaden ist.) Wer ein großes Nähprojekt im Kopf, aber nicht die passende Maschine zu Hause stehen hat, kann sich eine Markennähmaschine ausleihen. So lässt sich das Tempo selbst bestimmen, denn gut Naht will Weile haben. So klappt das dann auch mit dem selbstgenähten Abendkleid.

TIPP
Für Nähnotfälle gibt es montags eine kostenlose Hilfesprechstunde.

- Kurzwarenkatze, Kötnerholzweg 38, 30451 Hannover, Tel. (05 11) 37 38 89 66
- ÖPNV: Stadtbahn 10, Bus 700, Haltestelle Leinaustraße

Nähpakete

Sakura-Pracht mit Matcha

78

Kirschblütenfest am Hiroshima Hain

Die Natur erwacht mit voller Kraft. Blüten platzen aus ihren Knospen und entfalten ihre vollkommene Schönheit. Die kahlen Äste der Bäume erhalten ihre saftig grünen Blätter zurück und in der Luft liegt das aufgeregte Zwitschern der Vögel. Es ist klar, der Frühling ist da! (Und der Heuschnupfen.) Das wohl schönste Frühlingserwachen ist die Zeit, in der die Kirschbäume ihre rosa und weißen Blüten zur Schau stellen. In Japan gilt die Kirschblüte sogar als eines der wichtigsten kulturellen Symbole, sie steht dort für Schönheit, Aufbruch und Vergänglichkeit. Nun müssen wir nicht nach Tokio reisen, um in den Genuss dieses prachtvollen Naturschauspiels zu kommen: Die Stadt pflanzte 110 Kirschbäume auf der Alten Bult, um der vielen Menschen zu gedenken, die 1945 bei dem Atombombenabwurf auf Hiroshima ums Leben kamen. Einmal im Jahr wird hier nach japanischer Tradition Hanami gefeiert – das Kirschblütenfest, bei dem Freunde und Familien zusammenkommen, um der Kirschblütenpracht (Sakura) zu frönen.

TIPP

Im Stadtpark werden fast das ganze Jahr über Teezeremonien vollzogen.

Den besten Blick auf dieses Spektakel hat eine Riesen-Geisha: Auf hohen Stelzen stolziert sie über den Rasen und muss sich noch nicht mal strecken, um an den zarten Blüten zu schnuppern. Unten auf dem Boden sitzen die Hungrigen mit ihren Bentoboxen vom Sushistand. Ab und zu segelt eine Kirschblüte herab, die sich voreilig vom Ast gelöst hat. Ein paar Mädchen haben sich aufwendig verkleidet, sie sehen alle aus wie Sailor Moon. Geschwind eilen sie zu der Mini-Teezeremonie, die gleich anfängt. Vorn wartet eine Japanerin schon darauf, den Neugierigen einen Einblick in die japanische Teekunst zu geben. Ihre Helferin verteilt süße Mochi-Bällchen ans Publikum. Danach darf jeder den leckeren Matcha probieren. Über dem gesamten Fest blühen die Kirschblüten verschwenderisch, die wir mit allen Sinnen genießen. Das vergängliche Glück ist nur von kurzer Dauer: Schon nach wenigen Tagen fallen alle Blüten zu Boden. Nächstes Jahr tauchen wir wieder ein, in dieses wunderschöne Blütenmeer, diese überragende Schönheit.

- Hiroshima-Gedenkhain, 30173 Hannover
- ÖPNV: Stadtbahn 6, Bus 370, Haltestelle Kinderkrankenhaus auf der Bult, Zugang zum Hain über die Janusz-Korczak-Allee

Indische Gaumenfreuden

79

Mangal's Kitchen am Lister Platz

Da liegt etwas in der Luft, nämlich die Düfte von Kardamom, Cumin und Chili, die sich kreuzen und eine sensorische Offenbarung für die Geruchssinne bilden. Der Reis schwebt dampfend durch den Raum, ein flinker Kellner trägt ihn herbei. Der frisch geraspelte Ingwer leuchtet kräftig auf dem Linsen-Dal. Allein dieser Anblick macht schon glücklich. Sofort läuft uns das Wasser im Mund zusammen, der Appetit ist angeregt – wir möchten so schnell wie möglich nicht nur riechen, sondern auch schmecken. Also bestellen wir vorneweg knuspriges Papadam mit verschiedenen Dips. Dazu Pani Puri, kleine gefüllte Teigbällchen, in Indien ein typisches Street Food. Die Wahl der Hauptspeise fällt uns nicht leicht, es gibt viele raffinierte Gerichte zu entdecken. Auberginen in einer Erdnuss-Kokosnuss-Soße, Hähnchen in Joghurt-Cashew-Soße oder Fischcurry in roter Tamarind-Soße. Ein wahres Aromafeuerwerk für Liebhaber der indischen Küche und alle, die sich noch in sie verlieben wollen.

Wir fühlen uns richtig wohl, während wir genüsslich unsere Vorspeisen verspeisen. Das Ambiente ist warm und gemütlich, das Interieur angenehm unaufgeregt und stilvoll. Für Farbtupfer sorgen kleine, pinke Fächer in der weißen Wand, in denen indische Gottheiten sitzen und bunte Gewürze in Glasgefäßen ruhen. Das Arrangement ist in ein modernes Setting eingelassen, viele kleine Details sind hier zu entdecken. Es macht deshalb schon Freude, den Blick einfach schweifen zu lassen. Aber nicht nur in der Inneneinrichtung, sondern auch auf der Speisekarte treffen traditionelle Akzente auf modernes Design.

Inhaber und Koch Prakash Singh hat sich mit der Eröffnung eines eigenen Restaurants seinen Lebenstraum erfüllt. Es trägt übrigens den Namen seines Vaters Mangal, der ihm einst die wunderbare Welt der Gewürze eröffnete. Schon in der frühen Kindheit stand Prakash am Herd, nach Zwischenstationen in den diversen Luxusküchen landete er schließlich in Hannover. Welch großes Glück für alle Liebhaber der indischen Kochkunst.

TIPP

Ein zweites Mangal's Kitchen gibt es in Linden. Es gibt dort die gleichen Speisen wie in der List.

- Mangal's Kitchen, Ferdinand-Wallbrecht-Straße 6–8, 30163 Hannover, Tel. (05 11) 64 69 31 50, www.restaurant-mangals-kitchen.de
- ÖPNV: Stadtbahn 3, 7, 9, Bus 100, 121, 134, 200, Haltestelle Lister Platz

MANGAL'S

Stadttour auf Schienen

80

Unterwegs mit Linie 10

Dieser besondere Glücksort ist immer in Bewegung. Die Stadtbahnlinie 10 startet am Hauptbahnhof und fährt stadtauswärts erst durch die wuselige Innenstadt, dann vorbei am Steintor, dann über die Leine und später über die Ihme, nach Linden und schließlich nach Ahlem. Wer fleißig aus dem Fenster schaut, bekommt viel von der Stadt zu sehen. Zum Beispiel die „drei warmen Brüder", wie das beeindruckende Heizkraftwerk in Linden mit seinen drei Schornsteinen liebevoll genannt wird, und wenig später das Treiben auf der Limmerstraße.

Eine Fahrt mit der 10 ist eine Stadttour der besonderen Art – für Unterhaltung sorgen die mitunter illustren Passagiere: Da ist zum Beispiel die quirlige Frau, die eine übergroße und vor allem knallpinke Sonnenbrille trägt und Apfelsaft aus einer Babyflasche nuckelt. Da sind bunthaarige Hippies, die Seifenblasen durch den Waggon pusten, und da ist eine ältere Dame mit betagtem Terrierherrn, der mitten im Weg liegt. Die 10 transportiert Menschen (und Tiere), die ihr Leben leben, wie es ihnen gerade in den Sinn kommt. Manchmal fährt sogar Jesus mit – oder einfach ein dürrer Mann, der sich als Jesus (ver-)kleidet. In seinem weiß-gelblichen Gewand schwebt er lächelnd durch die Bahn und grüßt großzügig die Fahrgäste.

Abends bringt die 10 die Genießer, Filmfreunde und Nachtschwärmer nach Linden, wo das Leben aufregender ist als in anderen Stadtteilen. Direkt an der Haltestelle „Leinaustraße" befindet sich etwa das kleine, kultige Apollo-Kino. Hier laufen besondere Filme abseits vom Mainstream, die nicht nur Cineasten beglücken. Nach dem Abspann verwöhnen dann die gemütlichen Bars und Restaurants den Gaumen. Gern darf es nun auch ein zweites und ein drittes Glas Rotwein sein – schließlich bringt einen die 10 wieder sicher nach Hause. Ein junger Mann im Anzug will allerdings noch lange nicht ins Bett. Er wirft ein paar Küsse durch die Luft und hüpft aus der Stadtbahn ins Nachtleben. Zum Abschied ruft er: „Ciao, baby!" Langweilig wird es in der 10 ganz sicher nicht.

- ÖPNV: Stadtbahn 10, Haltestelle Hauptbahnhof/ZOB, nach Ahlem und zurück

Sparda-Bank
üstra

Bibliografische Informationen der Deutschen Nationalbibliothek
Die Deutsche Nationalbibliothek verzeichnet diese Publikation in der Deutschen Nationalbibliografie; detaillierte bibliografische Daten sind im Internet über http://dnb.d-nb.de abrufbar.

3. Auflage 2021
Konzeption/Satz: Droste Verlag, Düsseldorf
Einbandgestaltung und Illustrationen: Britta Rungwerth, Düsseldorf
unter Verwendung von Bildern von
© Fotolia.com: jd – photodesign.de; © iStock: Plociennik Robert
Fotos: Alexa & Daniel Berger, außer:
S. 61: Marie-Sophie Seger; S. 75: Simona Bednarek; S. 101: Yogawerkstatt; S. 131: Filipp Romanovski; S. 139: Coffee & Scones; S. 153: Aspria Group

FSC
www.fsc.org
MIX
Papier aus verantwortungsvollen Quellen
FSC® C011279

Druck und Bindung: LUC GmbH, Greven
ISBN 978-3-7700-2081-2

www.droste-verlag.de